国会決議すら無視する警察権力、それを許す政治家・政府の責任を問う

島根・主婦ひき逃げ致死事件の真相

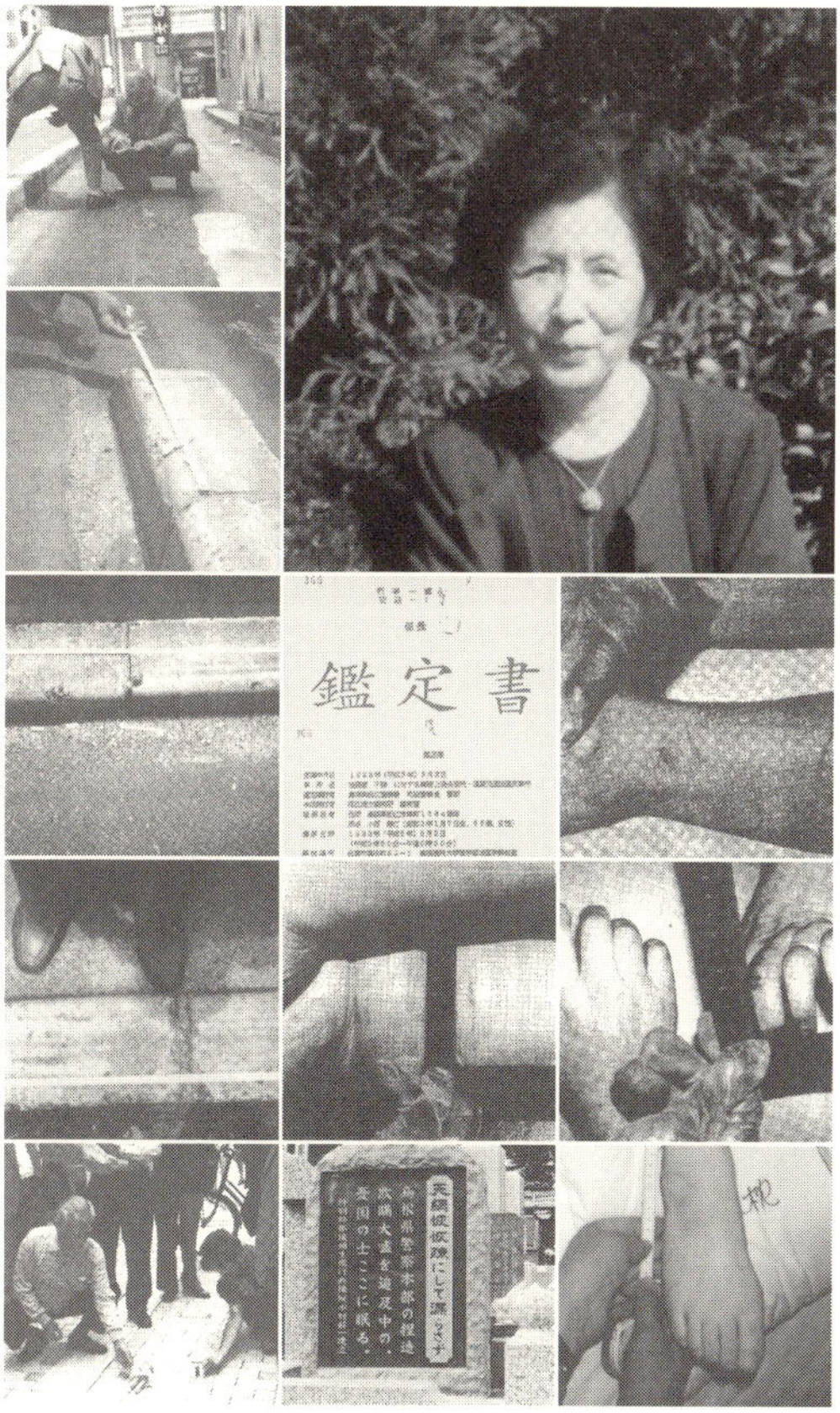

比留川 洋 著

はじめに

本書を世に出すに至ったのは、著者が親しくしている友人の編集者との会話からはじまった。

今年（二〇〇七年）の春のことである。当社（本の泉社）の新刊書棚を見ていた彼いわく「凄まじい本を出されましたね」。その新刊書籍は、『島根県警は悪魔だ―私は死んでも許さない―』で、著者は木村荘一さんであった。

「ギネスブックものの著者だ」と私が言うと、彼は返答に窮しているようだった。説明するしかない。

「誰がみても明らかなひき逃げ事件なのに、病死だとごまかしつづける警察（島根県警）。それと十五年もの長い間、素手でたたかっている人で、まさにギネスブックものだ」

そんな会話からはじまったのが、本書を刊行するきっかけになったのである。

島根県松江市で起きた、この主婦ひき逃げ事件（一九九三＝平成五年五月三〇日）は、事故から十三年めの二〇〇五年一〇月二六日、参議院本会議（第一六三回国会）で苦情請願が満場一致で採択され、マスコミで報道された経緯もあるので、あるいはご存知の方もいるかもしれないが、警察の不祥事が続くなかでは、時間の経過とともに忘れ去られてしまう危険性があまりにも高い。

木村さんとは何回も会って話を聞いているが、実妹（小西静江さん）のひき逃げ事件の真相、また木村さんと島根県警とのたたかいについて、事件を風化させないために、どうしても第三者の立場から記録を残すべきではないかということになった。

あえて第三者というのは、木村さん自身がすでに十指にあまる著書をものにしているからである。刊行を重ねるたびに、タイトルがきびしくなっていることもふくめ、事件そのものと、木村さんのたたかいの詳しい経過については、巻末に記した木村荘一氏の著書に目を通していただきたい。

ただ、警察（島根県警）・警察庁・国家公安委員会、あるいは時の首相（小泉純一郎総理）も登場するが、そのやりとりの文書は、長期間にわたっていて膨大な量であり、しかも役所言葉でわかりにくいことから、あらためて第三者の目と手でまとめなおそうとしたものである。木村さんとともに、日本に民主主義を実現したいためである。

目次

序章　不撓不屈、島根県警と15年もたたかい続ける

■「昔、陸軍。いま、警察」

今年（二〇〇七年）の五月三〇日、木村荘一さんは、この事件の真相追及を応援してくれている日本国民救援会東京都本部の役員三名の方と警察庁の交通事故事件捜査指導室に島根県警の欺瞞回答「体に作用して創傷をなす器物とは何か」、その器物の名前を聞きに行くことになっていた。同指導室は、全国の都道府県警に対し交通事故捜査に関する指導を行う部署であるからと、公明党の浜田昌良参議院議員のアドバイスによるものであった。

島根県警が前述の欺瞞回答しかしないために、同指導室の花岡和道室長に直に会い、「島根県警本部が誠実で正しい回答を行うよう要請する」のが目的であった。

この日は、奇《く》しくも「主婦ひき逃げ事件」のあった日で、事件からまるまる十四年が経過、この日からは十五年めに入ることになる。私も出版人の端くれとして、警察庁がどう対応するのか関心があり、同行することになった。

当日朝十時、警察庁の前で待合わせてはじめてわかったのだが、木村さんは、じつは花岡室長にアポをとっていなかった。国民救援会のメンバーが、大丈夫だろうかというと、アポをとろうとしたら絶対に会ってくれないから仕方がない、と木村さんは平然としていた。

早速、二階の受付に出向き、花岡室長に面会を申し込むと、「約束がないかぎり取次げない。電話番号を教えるので、あらためて約束をとりつけてほしい」とのこと。あらためて木村さんが携帯電話で指示された番号に連絡すると、「花岡室長は出かけている。午後五時過ぎでないと帰らないので、あらためて連絡をしてもらいたい」ということであった。

このあと一時間近く電話でのやりとりが続くことになる。

木村さんは日常会話では問題はないのだが、高齢のせいか電話での応答、とくに聞き取るのが困難なようで、途中から国民救援会の酒井明事務局次長が電話を変わった。

「花岡室長の代理の方でもいいから、会って話を聞いてもらいたい」

「アポをとっていないから会うわけにはいかない」

「時間はとらせない。要請書他の文書を持参しているので、直に手渡したい」

「文書は、受付のガードマンに手渡してくれればいい」

「失礼ではないか。こうして長電話をしている間に、下りてくればすむことだ」

「アポをとっていないから、会うわけにはいかない。花岡室長は十七時過ぎには戻るので、あらためて連絡をとってもらいたい」

——一時間近くも費やした電話でのやりとりは、活字にすれば、たったこれだけの内容であった。

「まあ、予想通りです」と言いつつも、木村さんの無念さはその表情からもはっきりと伝わってくる。四人とも、なぐさめる言葉がない。

そもそも木村さんが、警察庁への〝アポなし訪問〟を決めたのは、昨年来、漆間巌警察庁長官に二回、国家公安委員長に六回、法務大臣に一回、花岡室長に二回、島根県公安委員長にも二回も「公開質問状」を送付しているにもかかわらず、一度たりとも回答がなされていないからである。木村さんによれば、「嘘がばれるから回答できないのだ」ということになる。

とにかく午後五時すぎにどうするか、という相談になった。先ほどの様子（難聴）をみても、木村さんが直接電話をするのには無理がある。成り行きで、私が電話をすることになった。

事務所に戻ったが、他の仕事をする気にもなれず、「警察庁交通局交通事故事件捜査指導室」について調べてみた。「組織・制度」からはじまり、とりあえずわかったのが「国家公安委員会・警察庁」による「平成一九年度交通安全業務計画」である。同指導室が、全国の都道府県警に何を指導しているか……。

あった。同計画の「第7　被害者支援の推進」である。1から4まであるが、ここでは「1　被害者連絡の実施等」のみ紹介することにしよう。

「ひき逃げ事件、交通事故、全治3箇月以上の重傷を負った事故及び危険運転致死傷罪に該当する事件の被害者及びその遺族に対して、捜査状況等の連絡を行うほか、被害者等から事故の概要等について説明を求められた場合に適切に対応するなど、交通事故事件の被害者等の心情に配慮した適切かつ確実な被害者連絡の実施等に努める」（傍線は著者による）

島根県警は、まさにこの点こそが決定的に欠落しているのではないか。事件の被害者および遺族を守るどころか事実を隠蔽し、欺瞞をつづけているのである。

それは、同時に指導する立場にある警察庁の担当部署、交通事故事件捜査指導室の怠慢と言わざるをえない。

――午後五時三分、電話をかける。役所の時間外連絡がどうなっているかは知る由もないが、さすがは警察庁である。電話は、すぐつながった。

花岡和道室長も待たせることなく、電話に出た。事件のことは「よく存じている」とのことである。ここまではよかった。

だが、その回答たるや、先の「交通安全業務計画」に書いてある内容など〝どこ吹く風〟。十五分ほど話したが、そのやりとりの結論だけを以下に記す。

《面会の要請について》

「警察庁は個別の案件については対応しないので、会うことはできない。所轄の島根県警に話をもっていってもらいたい」

《島根県警に対し「交通安全業務計画」にのっとった指導をしているのか》

「これまでも指導してきた。島根県警はきちんと対応してきたと判断している」

《実際にはそうではない。だからその器物の名前を聞くために面会を申し込んでいる》

「見解の相違だ。島根県警の対応に問題はない」

言葉遣いはていねいだったが内容は空疎。警察庁もまた、嘘をつきつづける島根県警と全く同じで、欺瞞と知りつつ仲間意識でかばいあっているのではないか。

役所言葉を連ねるだけの十五分で、これ以上の進展はないと判断し、とりあえず電話を切ることになった。

このあと、すぐ木村さんに報告することになったが、お礼の言葉のあとに出たのが、「『昔、陸軍。いま、警察』ですよ」というひとことであった。「昔、陸軍。いま、総評」といったのは、かの大宅壮一であったが、木村さんにとっては『いま、警察』なのである。

このままでは日本の民主主義は滅んでしまう

「昔、陸軍。いま、警察」という木村さんの言葉が耳から離れない。「正義の味方」であるはずの警察が、なぜ、そこまで言われなければならないのか。警察権力とはいうものの、かつて大日本帝国陸軍がそうであったように、現在の警察は一国の命運まで握っているのであろうか。もちろん、悪しき方向であることは論をまたない。

マスコミに登場しない、公にならないものを数えれば冤罪事件も後を絶たないし、警察の不祥事にいたっては、数え切れないほどのニュースがテレビや新聞で報道されている。だが、「島根県警は悪魔だ」とまで断言する木村さんにとって、もっとも大切なのは、「このままでは日本の民主主義は死滅してしまう」ことなのだ。

木村さんは、十五年めを迎える実の妹さんの「ひき逃げ事件」の真相追及にかかわる著書、あるいは「公開質問状」のなかの肩書きには、必ず「大東亜戦争に志願　陸軍特別幹部候補生　飛行兵操縦　一級建築士」と記している。最後の一級建築士はともかく、彼が言いたいのは、「お国のために命までささげようという思いで生きてきた」という自負があるからだ。

さらに、戦中・戦後をも生き抜いてきた木村さんにとって、戦後の民主主義は何ものにも代えがたいものなのである。

間違いは誰にでもある。だが、間違いとわかってもなお、その非を認めないのは何かがあるからであろう。それこそが問題なのだ。それは事件捜査の当事者である島根県警にかぎらない。

第百六十三回国会（参議院）で満場一致で採択された苦情請願（この事件の真相解明）について、詳しくは第三章で述べることになるが、時の首相（小泉純一郎）は、こう回答している。

「島根県警は、本事案を交通事故と認定しなかった理由について、捜査結果に基づき、具体的かつ詳細に説明を行ったとのことである」（傍線は筆者）

先の警察庁幹部の回答と、何ら変わることがない。島根県警の不誠実な欺瞞にみちた対応そのものである。当時の首相も、警察組織とまったく一緒で、国民の側に背を向けているとしか言えない。

そもそも請願とは憲法に保障された国民の権利で、国民が国政に対する要望・苦情などを直接国会において審議を求めることができる制度である。いわば、民主主義の根幹をなす性格の制度なのだ。

しつこいようだが、請願の趣旨は「警察当局に対し、交通事故と認定しない理由について、公明正大、かつ具体的に説明することを課した」のである。

それなのに、警察組織を統括する警察庁、そして行政のトップである小泉首相（当時）までも、島根県警の欺瞞だらけの報告を鵜呑みにした回答を、ただオームのように繰返したに過ぎない。しかも一方の当事者である木村さんには、ひとことの説明もしていないのである。これが民主国家といえるのだろうか。

木村さんが「昔、陸軍。いま警察」と痛烈に指摘するのは、「戦時中は、軍人が政治を牛耳っていたが、小泉・安倍内閣では軍人が警察に代わっただけではないか」という事実を目のあたりにしているからである。

このままでは、戦後日本が培ってきた民主主義が死滅しかねないと、真剣に危惧しているのである。それは、「日本国を憂う」大義にもつながっていく。

■82歳の高齢でも意気軒昂、「死んでも島根県警は許さない」

怒りが頂点に達したときに「死ぬまで許さない」とは、よく言われることだが、木村さんのばあいは、さらに強烈である。「死んでも許さない」というのだ。

木村さんの自宅と会社は、東京・杉並にあるが、道路に面した壁面には大きな看板に「死体は真実を知っている」「嘘がバレても非道な島根県警察本部」「国会採択無視、国民を騙す悪魔警察」、そして「私は死んでも許さない」といった文字が並んでいて、はじめて目にするものには異様な印象をあたえるだろう。ここには、今年の九月四日から『正しい日本にするための……木村荘一資料館』が新設され、事故発生から今日まで十五年間の、島根県警を追及してきた記録が展示されている。

資料館をつくったのは、まさに日本という国の、民主主義の行く末に大きな危惧を抱いているからだと言う。それは「国会で採択された請願が、いともかんたんに反古《ほご》にされたにもかかわらず、国会議員の誰もが反論していない」「警察が怖いからなのか、マスコミ関係者までもが頬かむりをしている」ことを指しているのである。

ここでは、木村さんの十五年におよぶ長いたたかいの話に、今しばらく耳を傾けていただきたい。〝老いの一徹〟かもしれないが、木村さんの「死んでも許さない」決意は、文字どおり墓場まで持ち込もうとしているのである。否、すでに持ち込んでいるのだ。

昨年（二〇〇六年）九月、木村さんは自宅から車で十分ほどの所にある日蓮宗法耀山本立寺（東京都練馬区関町北）に、新たに墓石・墓碑を建立した。墓碑には、「私が死んだあとも、島根県警の悪魔行為は許さない」との思いを刻んでいる。

墓碑の表には、次のように書かれている。

> 天網恢恢疎にして漏らさず
> 島根県警察本部の捏造欺瞞大嘘を追及中の憂国の士ここに眠る
> 特別幹部候補生飛行兵操縦　木村荘一建立

裏面には、以下の文章が認《したた》められている。

> ## 日本を憂う
>
> 平成五年五月三十日単車に轢かれ死亡した妹を島根県警察本部は、真実を隠蔽し、冷酷にも組織ぐるみで病気転倒と遺族を騙した。
> 傷痕を実測し真実を知った木村荘一は、島根警察の悪魔の行為を寝食を忘れ臥薪嘗胆十四年、命をかけて追及中である。
> その真実を参議院行政監視委員会は認め、平成十七年十月二十四日全会一致で採択、同月二十六日参議院本会議で「苦情請願第一号」を拍手で採択したのに、捏造欺瞞を繰りかえし謝罪もしない島根警察を厳しく追及糾している。依って、正しい日本子孫の為、この碑を刻む。
>
> 平成十八年　秋のお彼岸建立

このような墓石・墓碑は、そうそうあるものではない。木村さんも、お寺さんが認めて

2006年9月18日開眼供養

立正安国の思いを刻む

くれるかどうか、最初は心配だったらしい。

事前に住職に相談したところ、「さすがは鎌倉北条幕府に『立正安国論』を説いた日蓮上人の教えを伝えるお寺さん。立正安国の精神で正しい日本にしたいという私の運動を理解していただいた」ということだ。

じつは、木村さんは熱心な日蓮宗の信者でもある。幼少のころから、両親と一緒に毎朝仏壇にむかって勤行《ごんぎょう》を続けてきたとのことで、かなりの筋金入りといっていいだろう。いまでも、知り合いで不幸があったときには、遺族の了解をえて読経をさせてもらうこともあるという。

幼少のころから日蓮宗の信者であることは、木村さんの人となりについて考えるうえで、決して見逃せない要素であろう。十五年もの長きにわたってたたかい続けておられるエネルギーの源、そして精神的に大きなバックボーンは、ここにあるように思えてならない。五木寛之がいう「日蓮宗の燃えるような激しさ」である（『日本人のこころ2』講談社）。

〝地獄で仏〟法医学の権威、上野正彦先生との出会い

そんな木村さんだが、島根県警とのたたかいは、最初から多くの方の支援があったわけではなかった。県警本部はもちろんだが、公安委員会、検察審査会に対して訴えるほか、国会議員あるいはマスコミへのアッピールと、真相解明にむけて精力的に活動を展開していたが、しばらくは孤独なたたかいが続くことになる。

「妹の事件（不慮の死）、そして警察の真相隠蔽とのたたかいが始まったが、このとき私は六十八歳。ここから生活が一変することになった」

こう語る木村さんは、じつは趣味の幅が広い。日本画から書道、その延長線上の表装は商売の準備をすすめていたほどだった。将棋も高段者だし、なんと社交ダンスもかなりのものらしい。

本業は一級建築士、構造計算といえば世間をにぎわした専門家もいたが、いわゆるその道のプロフェッショナルである。もっとも祖父の代からの宮大工の流れを汲むという血筋なので、本人曰く〝器用〟なこともあるのだろう。趣味のいずれをとっても玄人はだしな

のだ。

　なかでも表装については、弟子もとって教室開設の準備をすすめていたほどであった。これも急遽、中断することになるが、何よりもつらかったのは孤独なたたかいを余儀なくされたことだった。

「最初の三年間は、五里霧中。何をどうしていいかわからない。それにもまして、身内だけのたたかいだから孤立無援、この先どうなるのか不安でいっぱいだった」

　ここまでは当たり前のことだが、このあとのことは当事者でないとわからない。

「嘘の核心を衝かれる島根県警は、わたしをうるさい邪魔者、目の上のたんこぶと思ったに違いない。『消される』、わたしは本能的に身の危険を肌に感じた日々を過ごした。だが、この事件が正しく解決するまでは絶対に死ぬことはできない。犬死になるから」

　車に撥ねられないように、駅のホームから突き落とされないように注意し、不審な人物がいないか警戒する。自宅にも非常ベルを設置してガード。そして、護身のための木刀を抱いて寝る夜が三年も続いた。

　組合の執行委員会の席上で、わたしが路上などで不審死していたら警察に殺されたと思っていただきたいという話をしたのも、この頃のことだという。

だが、事件から三年が経とうとしている一九九六（平成八）年三月、転機が訪れた。木村さんは上野正彦氏に出会うことができたのである。言わずと知れた元東京都監察医務院長で、『死体は語る』の著者として一躍有名になった、わが国における法医学の権威である。

上野正彦氏といえば知らない人はいないだろうが、あらためて紹介しておこう。このあとに出てくる『意見書（小西静江殿死亡事件に関する意見書）』のなかで、自らを語っているところから引用すると――。

「私は昭和三十年に医師になり、以来法医学を専攻し、大学の研究室に四年、東京都の監察医を三十年間勤め、検視一万五千体、解剖五千体、合計二万体の変死事件に深く関わり、死者の生前の人権を擁護し、社会秩序の維持に貢献してきた。

そのなかで体得したことは、丹念に検視、解剖をして死体監察をすれば、ものいわぬ死体が真実を語りだす。生きている人の言葉には嘘がある。しかしものいわぬ死者は決して嘘はいわない、ということであった。

つまり死体所見が語りかける真実を忠実に聞き取り、その人の人権を擁護するのが法医学である」

松江検察審査会が、申立人である木村さんを一回も呼び出すことなく、一方的に訴えをしりぞけた「不起訴相当」との議決書を送付してきた直後でもあった。

「上野先生に会うことができたのは、事件のことでお世話になっている杉並区役所の交通相談員、鈴木さん（元警視）と杉並郷土史会会長の森泰樹先生のご紹介があったから。幸運のひとこと、『地獄で仏』とはこのこと」

と、木村さんは今でもホッとしたように話す。

「さっそく、妹の傷痕の写真や実測図面など、事故当時の資料を持参し、警察・検察側との折衝について説明をすると、上野先生は真摯に耳を傾けてくれた。本当に、感謝、感激だった」

しかも、三日後には「意見書」まで書いてもらっている。

「わたしは一読して、これは『最高裁判決だ!!』と、飛び上がる思いであった」

木村さんは、この意見書を『家宝』にしている、という。

「四月六日、あらためて『元東京監察医務院長・医学博士（法医学評論家）』の肩書きで署名・捺印していただくことができた」

検察庁への提出用としての意見書、『小西静江殿死亡事件に関する意見書』が、これである。この意見書については、あとで詳述することになるが、検察庁はもちろん、国会での『苦情請願』のときにも、強力な〝援軍〟になったことはいうまでもない。

このときの上野先生は、どのような心情だったのだろうか。翌年（一九九七＝平成九年）三月、木村さんの著書『死体は真実を知っている』の序文で、はじめて会ったときの印象をこう語っている。

「よくも素人がたった一人で、ここまでやってこられたものだと感心した。書類も文章もしっかりしていた。他人を納得させるだけの理論と表現力もあったし、それなりに時間も費用もかかっている。七十歳という高齢のどこに、その原動力があるのだろうか……。こういう人のために法医学はあるのだ」

上野先生との出会いは、木村さんにとって、まさに文字通り「地獄で仏」であった。

第一章

ひき逃げ事件の真相、島根県警の大嘘

■ひき逃げを示唆していた新聞報道

小西静江さんのひき逃げ事件は、一九九三（平成五）年五月三十一日付けの各新聞の朝刊にかなり目立つ扱いで報道された。地元紙の『山陰中央新報』は、社会面で「ひき逃げか、女性重体／松江」と三段見出しで、つぎのように報じている。

《三十日午前八時半ごろ、松江市寺町の市道わきに、同市幸町、無職小西静江さん（65）が倒れているのを車で通りかかった人が発見、届けた。小西さんは意識不明の重体。松江署はひき逃げと病気の両面で捜査している。

現場は通称「アベック通り」と呼ばれ、一方通行。調べによると、小西さんは縁石で仕切られた道路と歩道の歩道側にあお向けに倒れていた。両足かかとから十―二十五チセン《チセン》に内出血、左側頭部に打撲傷があった。小西さんは、自宅を出た夫が忘れ物をしたのを追いかけて届けた帰りだったらしい》

同日の『読売新聞』も「ひき逃げ？・重体」の見出しで、「両足首と頭にすり傷のようなもの」があったとし、他紙も同様の趣旨で報じている。

ひき逃げ？重体

松江で女性

三十日午前八時三十五分ごろ、松江市寺町の市道で、女性が歩道に倒れているのを通りがかった人が見つけ一一九番。近くの病院に運ばれたが重体。

松江署の調べで、女性は同市幸町、主婦小西静江さん(六五)とわかった。

両足首と頭にすり傷のようなものがあり、同署は誤って倒れたか、車にひき逃げされた疑いもあるとみて調べている。

女性が倒れていた現場を検証する捜査員（30日午前10時45分、松江市寺町で）

1993年（平成5年）5月31日（月曜日）

ひき逃げか、女性重体

松江

三十日午前八時半ごろ、松江市寺町の市道わきに、同市幸町、無職小西静江さん(六五)が倒れているのを車で通りかかった人が発見、届けた。小西さんは意識不明の重体。松江署はひき逃げと病気の両面で捜査している。

現場は通称「アベック通り」と呼ばれ、一方通行。調べによると、小西さんは縁石で仕切られた道路と歩道の歩道側にあお向けに倒れていた。両足かかとから十―二十五㌢に内出血、左側頭部には打撲傷があった。

小西さんは、自宅を出た夫が忘れ物をしたのを追いかけて届けた帰りだったらしい。

ガルでは国民二七%に対して、医師が三九%と、医師の喫煙率の高さが目立った。

一方、医師の喫煙率が一〇%前後と低かったのはオーストラリア、米国、英国など。

お天気情報

（30日・松江地方気象台）

〈注〉上の「読売」は「両足首と頭にすり傷」と報じ、下の「山陰中央新報」は「両足かかとから十～二十五㌢に内出血、左側頭部には打撲傷」と報じている。

これは、松江警察署の発表をもとにした報道と考えるのが妥当であるし、同時に事故発生直後の、松江署の認識を示していたということであろう。

じつは、検察審査会の議決書で後にわかったことだが、松江署はひき逃げと見て、松江署管内に緊急手配をすると同時に、島根県警本部にも大田署以東の各署に緊急配備を要請し実施している。

もっとも、この緊急手配は、なぜか二時間後（正確には一時間三十六分）に解除されている。捜査に万全を尽くすとすれば短時間のうちに解除することは考えられない。第一の謎といっていい。しかも、この前後の事情について松江署は遺族に納得のいく説明をしていない。

説明できない事情があったのに間違いない。今となっては松江署と島根県警、及び神佛のみぞ知るところだが、そうだとすれば、常識的に考えられるのは「ひき逃げ犯は特定できた。しかし、その犯人を公にすることはできない」という事情があったからであろうと想像できる。

こうした見方は、残念ながら事件が全面解決するまでは単なる推測にすぎない。だが、あくまでも「交通事故ではない」「病気転倒」という一点に固執し、遺族の訴えや上野医学博士の意見書を無視、嘘をつき続ける松江署、そして島根県警・警察庁の姿勢には、そうとしか考えられない何かを感じるのは私だけであろうか。

■一目瞭然、誰でもわかる交通事故の傷痕

小西静江さんが松江市立病院に運ばれた時点で、すでに「心肺停止・瞳孔散大」であったことは、診断書に記されている。記入者（担当医）は藤本一夫医師である。

夫の小西富さんは、妻の静江さんの事故のことは知らずに当日夜、自宅に帰った。病院に救急収容されていた静江さんと悲しい対面をすることになるとは、思いもよらなかったことであろう。

松江から遠く離れた東京に住む木村さんが、静江さん〝危篤〟の報を受けたのは、この直後であろう。木村さんは、特急「出雲号」で松江に直行する。

六月一日早朝、松江市立病院の物言わぬ静江さんのベッドの傍らで沈痛な面持ちで様子を見守っていたが、たまたま看護師さんが毛布を掛けなおそうとしたときに、足のほうの毛布がめくられた。そのときに、左下肢に「ハ」の字のような傷痕を目にしたのだ。

「あっ、と思った。直感的に、これは間違いなく交通事故の傷痕だ」

そう思った木村さんは、静江さんの体を、あらためて注意深く観察することにした。

「すると、このほかにも左顔面の打撲痕、左手背部、右手中指、左下肢、右下肢などにも打撲の痕や擦過傷、表皮の剥脱などがあるではないか。

とくに両足の傷は、かかとから左右それぞれ十一センチ、二センチ、七センチの同じ高さに規則正しくついている。右足は正面、左足は外側であり、自己転倒では誰がなんと言おうが絶対にできないものであった」

木村さんは、間違いなく交通事故だと確信したという。

「この直感的な閃《ひらめ》きは、私が火災保険の代理店を経営していたことはもちろんだが、物理・構造力学からみても、交通事故以外では絶対にできない傷痕である」

ここからの行動力が、後に「交通事故を裏づける証拠」として、きわめて重要な役割をはたすことになるのだが、十五年の長きにわたってたたかい続ける木村荘一さんの木村荘一さんたる所以《ゆえん》でもあろう。

「さっそく義弟の小西富に写真機を持ってくるように頼み、滋賀県から私同様に駆けつけていた弟の禮二とともに怪我の状態を綿密に調べた。両足の傷痕の長さ、方向、角度、部位をできるだけ正確に実測し、図示（33～37頁参照）することにした」

　また、後日のために写真に撮った。

　弟の禮二氏もまた、一級建築士であり、図面を書くことは日常的なことであった。後に治療・診断にあたった藤本医師が「両頭部の打撲を無視」した杜撰《ずさん》かつ欺瞞に満ちた傷痕図（38頁）とは比べられないほど正確であった。

　怪我の実測のあと、木村さん兄弟は静江さんが倒れていた事故現場に向かい、ここでも驚いている。

「案の定、縁石上面に生々しいスリップ痕や大きな外力で抉《えぐ》れた痕跡があった。弟と二人で実測し、写真も撮った」

　事故現場の車道と歩道を仕切る縁石（高さ十四センチ、幅十八センチ、凸型のコンクリート製）の上面にある、ひと目で交通事故とわかる真新しいスリップ痕、掘り傷などの写真である。また、破損した縁石の破片らしいものも持ち帰っている。

　蛇足ながら、ここでは二つのエピソードを紹介しておこう。

　この実測図と写真を見た松江検察庁の伊藤博主席捜査官は、「交通事故に間違いない」

事故現場に向かい実測する木村さん兄弟

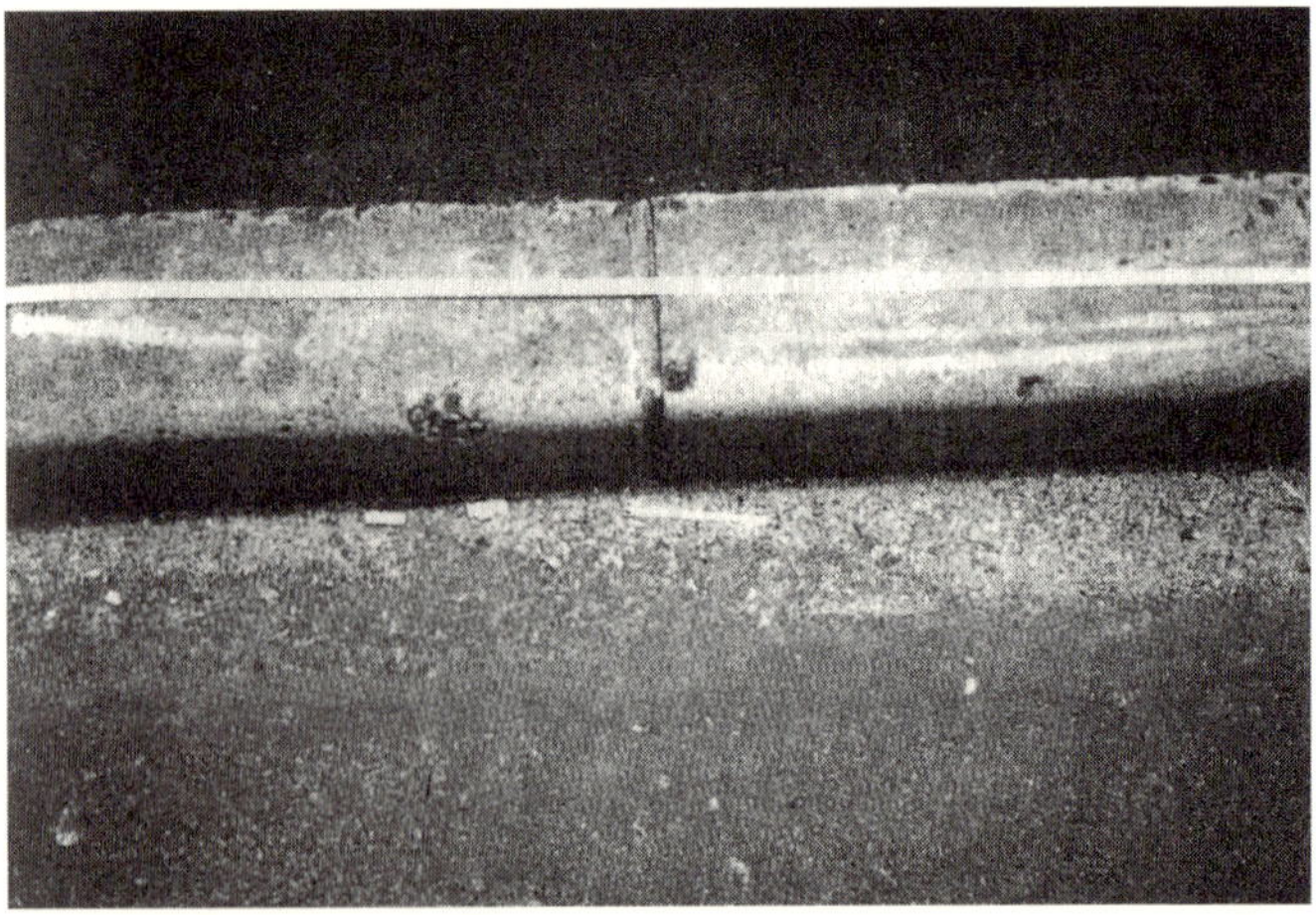

新しいスリップの痕

第１図　顔正面の怪我の図

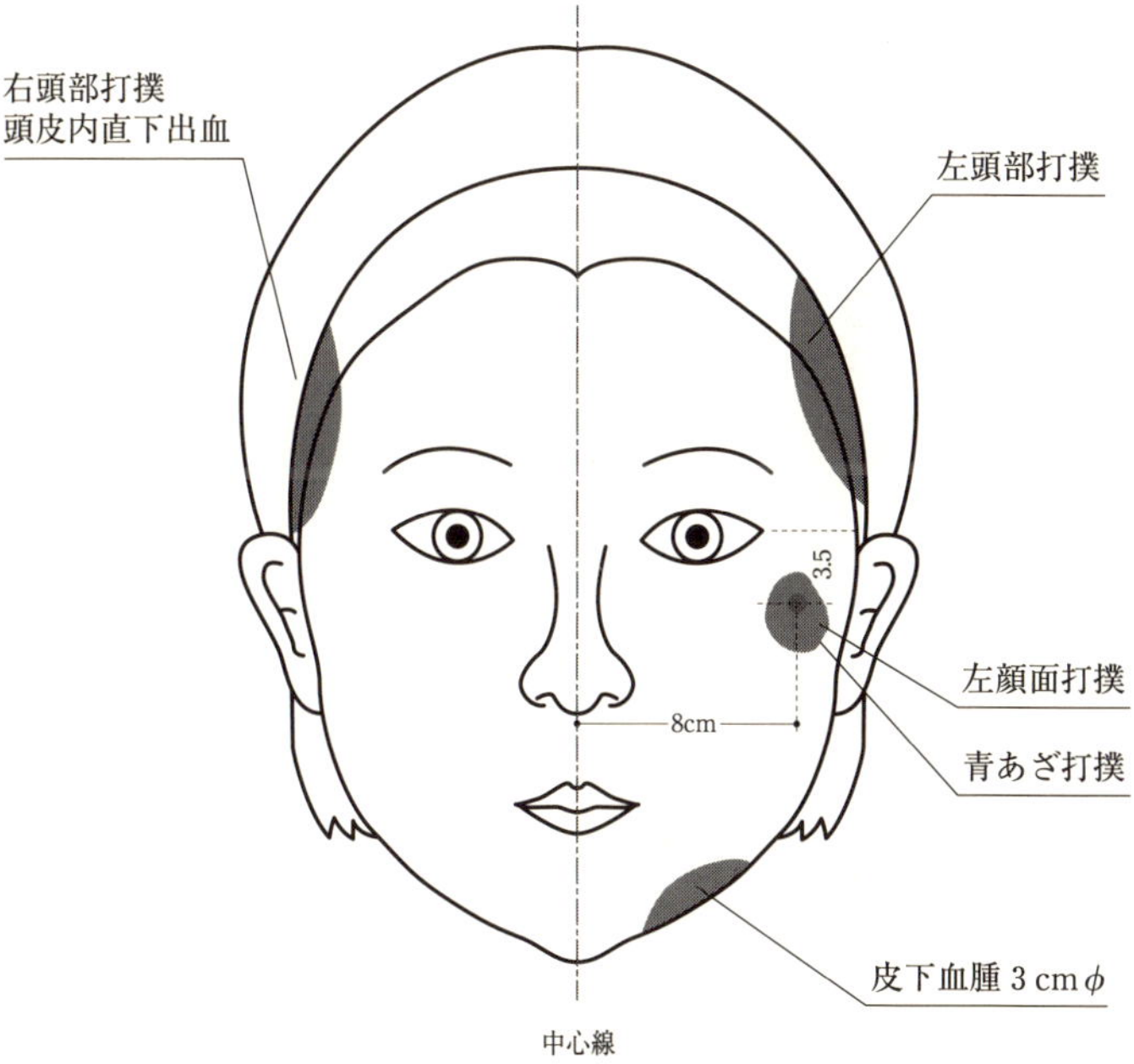

松江市立病院にて平成５年６月１日、木村さんと弟さんが実測した傷痕図及び、検察審査会議決書記載の怪我を表示
（以下、第５図まで）

第２図　全身正面の怪我の図

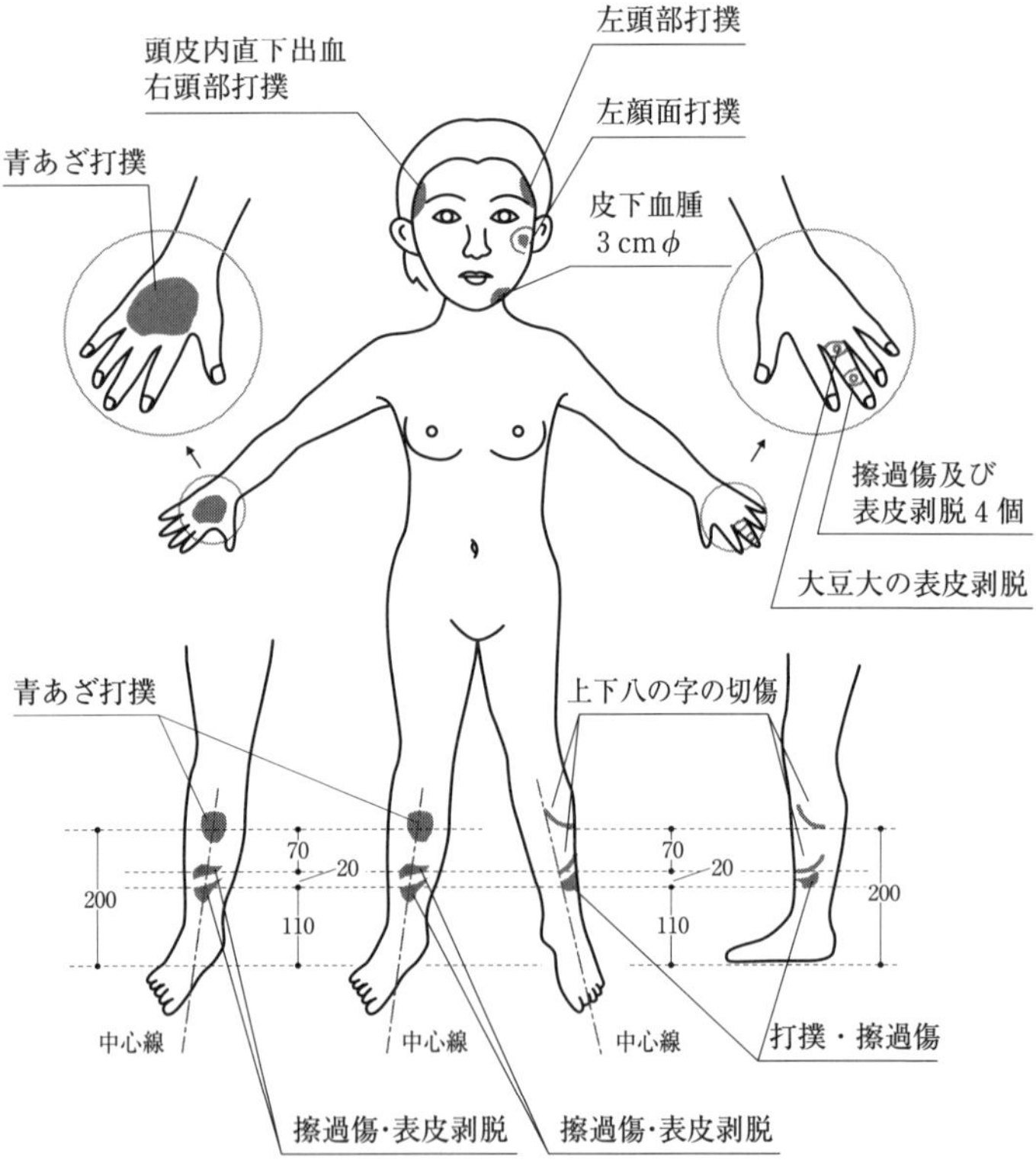

第３図　両足の傷痕実測図

両足怪我の拡大図　正面から見た受傷の位置

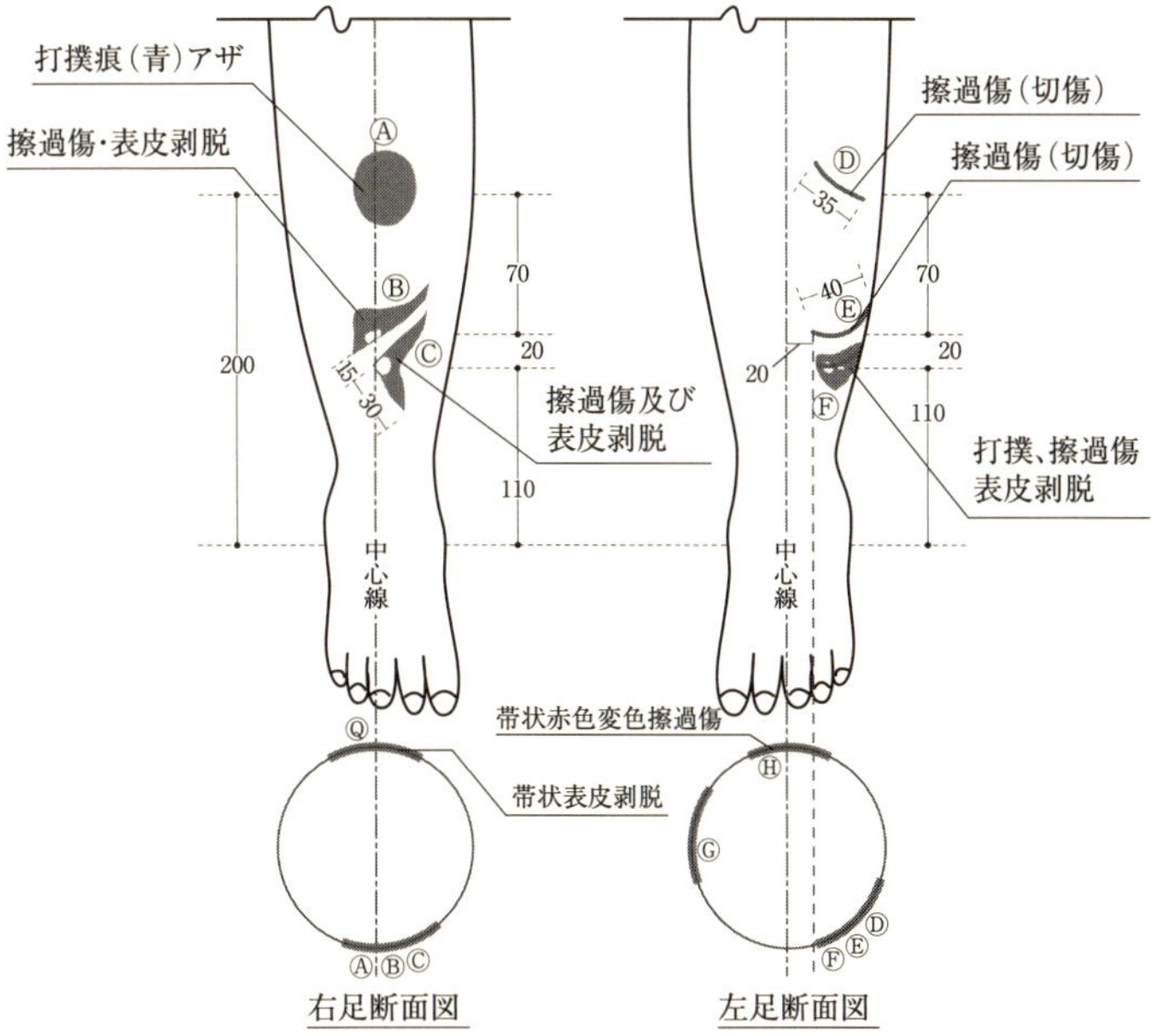

上から見た受傷の位置

第４図　背面の傷痕図

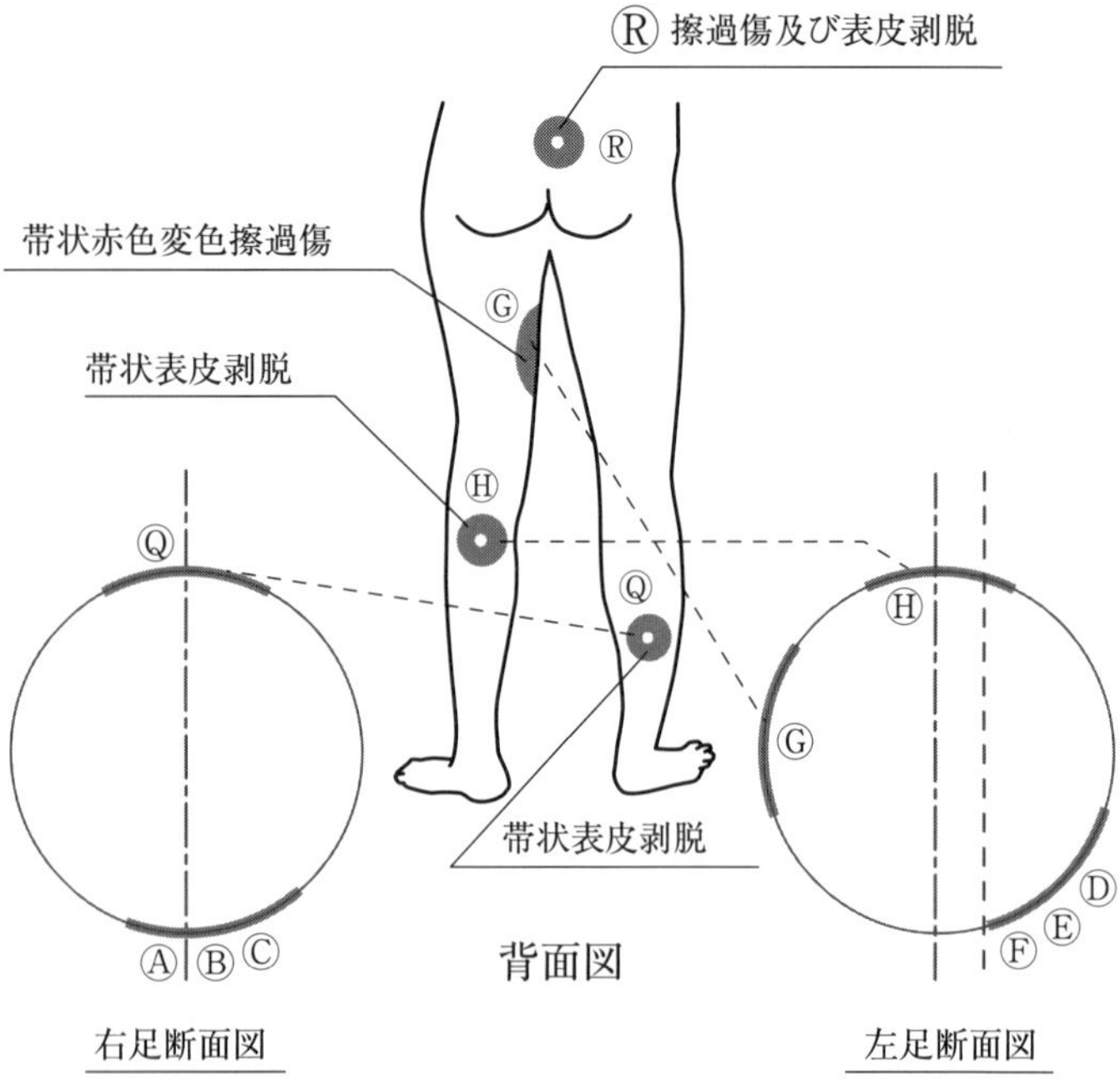

上から見た受傷の位置

第５図　両手の傷痕図

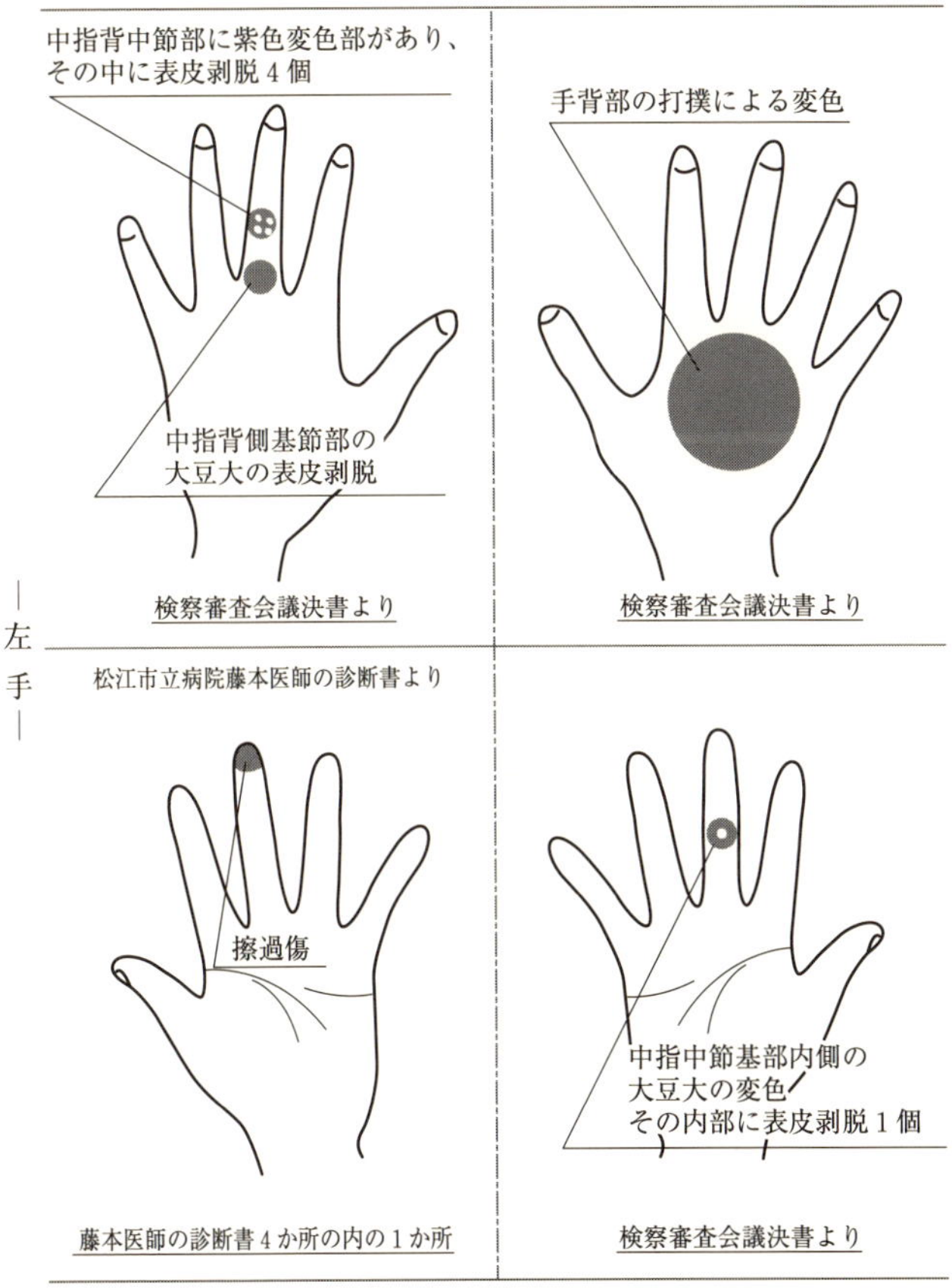

両手甲と平の傷痕詳細図

事実と違う藤本医師の怪我の図面

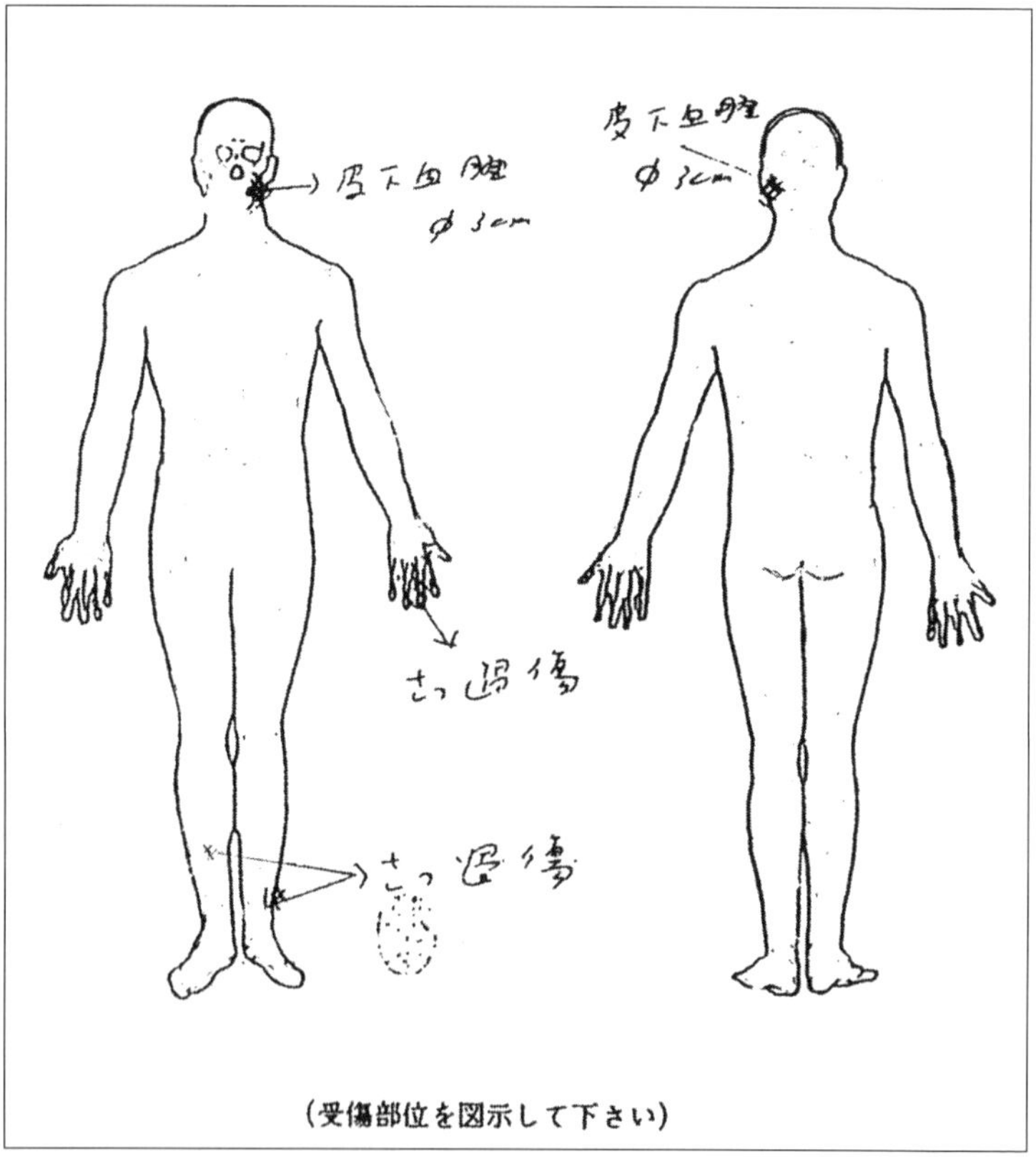

藤本医師の診断による４カ所のみの欺瞞図。左右頭部の打撲その他を故意に無視し、記載していない。なお島根県警は、カルテに記載されている左頬の打撲痕まで「全くない」と嘘を言い続けている。

と判断し、木村さんに松江署にいって「交通事故証明をもらうように」指示している（一九九三＝平成五年九月九日）。

また、島根県警本部から三度にわたって木村さんと〝交渉〟にあたった交通指導課の足立暢夫課長補佐は、第一回目は「走っていて、転んだ」という島根県警の〝建前〟を繰り返し、そのあとは「どうして転倒したのか分からない」と繰り返すのみであった。だが、最後に会ったとき（一九九九＝平成十一年二月十二日、東京・半蔵門ホテルのロビーで）には非公式ながら次のように話している。

「木村さんの本を三回読ませていただきましたが、記載されているとおりで間違いはありません」

間違いないのであれば、なぜ認めないのかと木村さんが強い口調で糺すと、

「それは言えません」と、逃げているのである。

■どうしても「病気転倒」にしたい不可解な島根県警

木村さん兄弟は、事故現場の実測と撮影が終わったあと、静江さんの夫と三人で松江署

に出向いた。このときに持っていったのは「怪我の実測図」である。この時点では、松江署も公式には「事故の原因」を明らかにしていない。明らかに交通事故であることを示す、捜査に役立つ貴重なデータを提供しようという思いであった。

だが、応対にでた担当の田島係長は、意外なひとことで始まったという。

「新聞にも出ていたとおり、物盗り・ひき逃げの両面から捜査したが、藤本医師の見解を尊重している」

木村さんが持参した怪我の実測図を示しながら、さらに説明しようとすると、「警察でも図面はつくっている。医師の見解に従った」と、繰り返すだけ。

木村さんが、なおも実測図を見せながら「病気による転倒なら、このような位置にこんな傷ができるわけがない。左顔面や両足六か所（後に九か所以上とわかる）の打撲傷、擦過傷は、軽業師《かるわざし》がつけようと思って転んでも不可能な傷だ。

まして病気で倒れてできる傷かどうか、プロの警察官にわからないはずはない」と主張すると、返答に窮した田島係長は、態度を一変させている。

「いやあ、まだ確定したわけではありません」

言葉を濁しているが、すでに「病気による自己転倒」として処理していたようであった、と木村さんには感じられた。真相究明どころか、警察でもつくっているという「怪我の図面」を見せてもらいたいと強硬に言っても、「ここにはない」の一点張りだったのだ。

市民の生命と財産を守る警察どころか、遺族に大嘘をつき真相を隠蔽する松江署の対応に、木村さんたちは怒りを抑えられなかった。

埒《らち》のあかない会話に、木村さんたちは「十分な捜査をお願いしたい」と伝えるしかなく、不本意ながらこの日の話し合いは終わっている。

事故から三日になる翌六月二日未明、静江さんは家族や肉親が見守るなか、意識を取り戻すことなく、ついに亡くなった。事故が起きてから十五年、今もなお真相を明らかにしようとしない島根県警の非道に対し、本人はもちろんだが遺族もまた無念でならないと思うと、やるせなくなる。

悲しみにくれる遺族であったが、時をおかずして警察の検視がはじまった。検視とは、死因が特定できない突然死、変死のばあいにとられる処置である。遺族は病室から出された。東京であれば、管轄の警察署員立会いの下に監察医数名が担当するが、ここでは警察のみであった。

検視が終わると、係員から「司法解剖」したいとの申し入れがあった。ここで若干の説明をすると、検視によって死因が特定できないときに解剖することになるが、ほとんどのばあいは「行政解剖」である。「司法解剖」というのは、事件性を疑われるばあいに限られるのである。

なぜ、司法解剖をしたのか。これは、この事件の第二の謎である。

というのは、松江署が検視の結果、「司法解剖」したいと判断した背景には、「自己転倒による病死説」に疑問を抱く警察の〝良心〟か?、強硬な遺族に対する対策（口封じ）かと考えざるをえないからだ。事件性＝交通事故の可能性、ということである。

司法解剖の詳細な結果を、遺族が知るのはずっとあと、十年後になってからであるが、司法解剖にあたった執刀者（島根医科大学医学部法医学教授・木村恒二郎医師）の鑑定書、そして十三の特記事項で真実を記しながら、あとで述べる上野正彦氏が指摘しているように、大事な結論部分では「交通事故死、自己転倒による病死、いずれともとれる」「あいまいな診断」が見受けられるのも、このためではないかと思われてしかたがない。

話を元に戻すと、静江さんの子どもたちは当然のこと、解剖に反対したらしい。遺族の大半もそうだったようだが、故人の長兄でもあり、怪我の傷痕を知っている木村さんの「司法解剖すれば、交通事故であることがはっきりするから」という説得もあって、しぶしぶ同意することになる。

これは肝心なことだが、警察の係官から「尾骶骨その他にも打撲傷や擦過傷があり、交通事故の疑いが強いので、強制的にでも司法解剖はできる」との説明があったことも有無をいわせないものであった。しかも、傷痕を実測している木村さんは、これで交通事故であることが立証されるものと信じていた。

夕方、遺体は丸坊主頭の変わり果てた無残な姿で帰ってきた。子どもたちが、母親にとりすがって辺りをはばからずに泣くのも当然であったろう。木村さんは、係官を別室に誘って検視の結果を訊ねたが、期待に反し意外な返事がかえってきた。

「交通事故ではありませんでした」

怪我の実測をしてまで交通事故と確信していた木村さんは、さらに問いただした。それでは、あの怪我は何であったのかと。このときの係官の態度は、じつに不可解だったという。強い口調で、こう言ったのだ。

「何の怪我かはわかりませんが、絶対に交通事故ではありません」

このとき、係官から手渡されたのが島根医大法医学教室・木村恒二郎医師による「死体検案書」（45頁）である。死亡の原因としては「外傷性クモ膜下出血」と記載されてあった。

主要所見として、「大脳全域にクモ膜下出血、右側頭部頭皮内直下出血あり。その他、上肢、下肢に打撲傷、擦過傷数個」とあった。

この死体検案書が完璧かどうかは別にして、少なくとも「交通事故」と判断するには充分な内容ではないかと思われる。逆に警察の係官が「交通事故ではない」と断言する根拠は全くなく、大きな無理がある。

当初、ひき逃げ事故として緊急手配をしていながら、二時間も待たずに手配を解除したこと、怪我の様子を熟知しながらも藤本医師の誤診にあえて同調したこと、いずれにしても「病気転倒」説に固執したことは、不思議としか言いようがない。

木村さんは、当時のことを思い出してこう言う。

「犯人を明らかにできない事情があったのか、緊急手配を途中で解除した面子《メンツ》がそうさせたのか、とにかく不可解千万であった」

警察の措置に納得の行かない木村さんは、泣きじゃくる静江さんの子どもたち、遺族とともに仮通夜を執り行いながら、次から次へと腸《はらわた》の底から込み上げてくる怒りと悔し涙を抑えることができなかった。

解剖医による死体検案書

~~死亡診断書~~（死体検案書）

氏名	小西静江	1男 ②女	生年月日 明治 大正 昭和 3年1月7日
発病年月日	~~平成　年　月　日~~		
死亡年月日時分	平成5年6月2日 午後 3時30分頃		
(13) 死亡の場所及びその種別（注意(1)参照）	松江市寺町 205番地（発見場所）		
(14)	1病院 2診療所 3老人保健施設 4助産所（1−4の名称　） 5自宅 ⑥その他		
(15) 死亡の種類	1病死及び自然死　外因死（2不慮の中毒 3その他の災害死 4自殺 5他殺 ⑥その他及び不詳）　7その他及び不詳		
(16) 死亡の原因 Ⅰ イ 直接死因	外傷性クモ膜下出血	発病から死亡までの期間	
ロ (イ)の原因			
ハ (ロ)の原因			
Ⅱ その他の身体状況（注意(2)参照）			
（ロ又はハは(イ)との直接医学的因果関係の明らかなものだけ記入してください） 手術の主要所見		手術年月日	平成　年　月　日
解剖の主要所見	大脳全域にクモ膜下出血、右側頭部頭皮内、皮下出血あり。その他上、下肢に打撲症、擦過傷数個		
(17) 外因死の追加事項　傷害発生年月日時分	平成5年　月　日 午後 8時頃		
手段及び状況	不詳		
傷害発生の場所（注意(3)参照）	松江市寺町	1作業中 2作業中でない時	
場所名の具体的記載欄	205番地先路上		
(18) 生後168時間未満で死亡した場合の追加事項（注意(4)参照） 妊娠・分娩時における母体の状況			
(19) 上記の通り~~診断~~（検案）する	平成5年6月2日		
（病院、診療所若しくは老人保健施設の名称及び所在地又は医師の住所）	出雲市塩冶町89番地 島根医大法医学教室		
（氏名）医師	木村恒二郎 印		

注意

(1) 死亡の場所の種別は、老人ホームにおいて死亡した場合において、住民票に記載された住所地が当該老人ホームであるときは5を、その他のときは6を丸で囲って下さい。

(2) Ⅱ欄には、Ⅰ欄記載の傷病と直接の関係はないが、病的経過に悪影響を与えたと思われる身体状況を書いてください。なお妊婦の死亡は「妊娠満何週（妊娠第何月）」、分娩中の死亡は「妊娠満何週（妊娠第何月）の分娩中」、産後42日以内の死亡は「妊娠満何週（妊娠第何月）産後何日目」と書いてください。

(3) 傷害発生の場所名はたとえば「自宅の風呂場」、「小川の中」、「鉱山の坑内」のように具体的に書いてください。

(4) 妊娠・分娩時における母体の状況は、この死亡者の出生に立ち会った場合又はこの死亡者が同一の病院・診療所で出生した場合にのみ書いてください。

○夜の12時は「午前0時」、昼の12時は「午後0時」と書いてください。

「権力を傘にきた警察の見え透いた欺瞞、怪我の真実を知りながら、その嘘を追及できない無念と悔しさで、私は胸が締めつけられる思いであった。男勝りの妹のこと、当人の無念や如何《いか》ばかりかと思うと、耐えられなかった」

市民を守るべき警察が、ひき逃げ犯を捕まえようとせず、逆に被害者である静江さんの人権を蹂躙し、いじめにかかるとは何事であろうか。やり場のない怒りと悔しさに苛《さいな》まれる木村さんであった。

島根県警の嘘を見抜けなかった検察審査会

松江署の不当な対応に苦慮した木村さんは、あらためて島根県警察本部に「ひき逃げ事件の再捜査」を請願するしかなかった。事故から一か月余の六月十五日のことである。だが、すでに問題は松江署のみならず、島根県警の段階でも「真実は隠蔽」され、欺瞞にみちた警察権力が立ちはだかるだけであった。

県警交通事故指導課長名での回答（七月六日）は、解剖所見の都合のいいところだけを引用、「現段階ではひき逃げをうかがわせる資料はない」と釈明している。これは、事実上の〝門前払い〟であった。

だが、真実を知っている木村さんは諦めるわけには行かなかった。交通事故の証明がないと、静江さんの保険金がおりないからだ。次なる標的は検察庁である。

九月九日、松江地方検察庁に出向く。松江署ならびに島根県警の欺瞞をただすための陳情である。応対に出たのは、伊藤博主席捜査官であった。既述（39頁）のように、警察・検察のなかで数少ない「組織の論理」ではなく「まともな判断」のできる捜査官であった。繰り返しになるが、採録することにしよう。

伊藤捜査官は、持参した写真・実測図をじっくり見て、「交通事故に間違いない。松江署に行けば交通事故証明をもらえる」と言ってくれたのである。

だが、松江署の対応は相変わらずであった。

「捜査に進展はない。したがって交通事故証明は発給できない」

というばかりだった。

この年、そして翌年、この繰り返しばかりで、木村さんの孤独で長いたたかいは続く。県警を指導すべき立場にある島根県公安委員会にしても〝同じ穴の狢《むじな》〟であった。

事件から二年後の一九九五（平成七）年五月十九日、木村さんは、再度、松江地方検察庁を訪れる。今度は陳情ではなかった。被疑者不詳ながらも、ひき逃げ事件として捜査するよう、「告訴状」を提出するためであった。

理由はよくわからないが、このとき松江地検は「告訴状は、松江署に提出するように」と告訴状の受理を断っている告訴の相手先に、告訴状を持っていけというのである。

やむをえず松江署に告訴状を提出したが、木村さんが危惧したとおり告訴状は半年間も松江署に留め置かれていた。このことが判明したのは、翌年の一月二九日である。松本善明衆議院議員が警察庁交通局指導課の金丸警部を問いただしてわかったのだ。告訴状が松江地検に送付されたのは十一月十四日であった。

「半年の間に、根回しをしたのであろう」

と木村さんはいうが、結果はそのとおりになった。

大晦日、前日の十二月三十日、松江地方検察庁の佃美弥子検事の名で、「不起訴」との通知書が届いている。納得のいかない木村さんは、さっそくその理由を質すと、翌年一月四日、「嫌疑不十分」とだけ記載された通知書が届けられた。

「検察も警察とつるんでいるとしか思えなかった」

と、悔しそうに木村さんがいうのは、当然といえば当然ではないだろうか。何をどう調べたのかは知る由もないが、「不起訴」さらには「嫌疑不十分」という文句をならべただけの通知書には、人間の心がこめられているとは到底思えない。

やむなく、木村さんは「不起訴」を不服として、松江検察審査会に資料を添えて審査を申し立てることになる。一月九日のことである。

検察審査会が、有権者のなかから籤《くじ》で選考される十一人のいわば〝素人集団〟で構成されていることを、木村さんが知っていたかどうかは問題ではない。もう、そこしか持っていきようがなかったのである。

三月十八日、同審査会から「議決書」なる文書が届いた。

「一回の呼び出しもなく、申立人に、ひとことも尋ねることもせずに」と、木村さんはいまだに不満を漏らしているが、結果も予想どおり「不起訴処分は相当である」と、一方的に訴えを斥けたものであった。

「議決の理由」には、「病的クモ膜下出血発症による路上転倒」と診断した松江市立病院・藤本医師の見解をベースにするという大きな誤りがあったが、同時に事実資料のなかには、皮肉にも交通事故であることを医学的にも客観的にも立証できる二十カ所もの傷痕の詳細が記載されていたことが、救いといえば救いであった（52～53頁）。『天網恢々疎にして漏らさず』とは、正にこのことであろう。だが、いずれにしても松江署・島根県警、松江検察庁、そして松江検察審査会にいたるまで、木村さんの切実な訴えに、耳を傾けようとしなかったことだけは確かであった。

さて、松江署・島根県警、そして検察審査会が金科玉条のように持ち上げている、藤本一夫医師が作成した、この診断書（51頁）の作成日が「平成7年2月16日」となっていることは、いかなる意味があるのであろうか。

静江さんが救急車で運び込まれたのは、二年前（一九九三＝平成五年）の五月三十日、亡くなられたのが三日後の六月二日である。この「診断書」は一年九か月後に書かれたものなのだ。なぜ、一年九か月後なのか？

これは、あらためて「書かされた」、まさかと思うが、ひょっとしたら「書き直されていた」ということになるのではないだろうか。なぜか？　誰によってであろうか？　回答とは言わないまでも、大きなヒントがある。

それは木村さんを中心にした静江さんの遺族と、松江署・島根県警の交渉が事実上決裂したあとに、新たな転機、すなわち木村さんたちによって検察が引っ張り出され、さらなる展開に発展することを予知していたからではないだろうか。

藤本医師の診断書

(保険会社使用欄)

診　断　書

カルテ番号

傷病者	住所	松江市 東町 1564-10
	氏名	小西 静江　　男・(女)　明・(大)・昭・平 3年1月7日生

傷病名	治療開始日	治ゆまたは治ゆ見込日（注1）	
くも膜下出血	H.5年5月30日	年　月　日	治ゆ 治ゆ見込
	年　月　日	年　月　日	治ゆ 治ゆ見込
	年　月　日	年　月　日	治ゆ 治ゆ見込
	年　月　日	年　月　日	治ゆ 治ゆ見込

症状の経過・治療の内容および今後の見通し　（受傷日 H.5年5月30日）
（手術のある場合は実施日をご記入下さい）

5月30日 8時(AM) 道路上に倒れているのを発見され救急車で来院した。来院時 心肺停止 瞳孔散大 状態であった。又外傷もあり(左頭部)。蘇生術にて自発呼吸出現した。頭部CT 上 脳挫傷にてくも膜下出血と診断した。5月30日 1時(PM) 自発呼吸停止し気管に人工呼吸器を使用。6月1日夕方より血圧下降し 6月2日 3時35分(AM) 死亡を確認した。

主たる検査所見　頭部CT 脳挫傷にてくも膜下出血 外傷との関係の為に 司法解剖となる。

初診時の意識障害	なし・(あり)（程度 深昏睡　継続期間 2日19時間）
既往症および既存障害	なし・あり（注2）（　　）
後遺障害の有無	なし・あり・未定
入院治療	日間 自 H.5年5月30日・至 5年6月2日
通院治療	日間（内実日数　日）自　年　月　日・至　年　月　日
ギプス固定期間	固定 自　年　月　日・至　除去　年　月　日（固定具の種類　　）
付添看護を要した期間	日間 自　年　月　日・至　年　月　日

（診断日）H.5年6月2日
継続　転医　中止　(死亡)
理由

（裏面も記入願います）

上記の通り診断致します。
（作成日）
平成7年2月16日

所在地　松江市灘町101番地
名称　松江市立病院　TEL（　）
医師名　藤本一夫 ㊞

（注1）既に治癒した傷病については治癒日を、また、現時点で治療継続中の傷病については治癒見込み日をご記入のうえ、該当する事項を○で囲んでください。
（注2）当該交通事故による傷害の治療上考慮しなければならない既往症がある場合は、〔　〕内に記載してください。また、既存障害がある場合も記載してください。

ひき逃げと分かる、鑑定書・特記事項の傷痕）

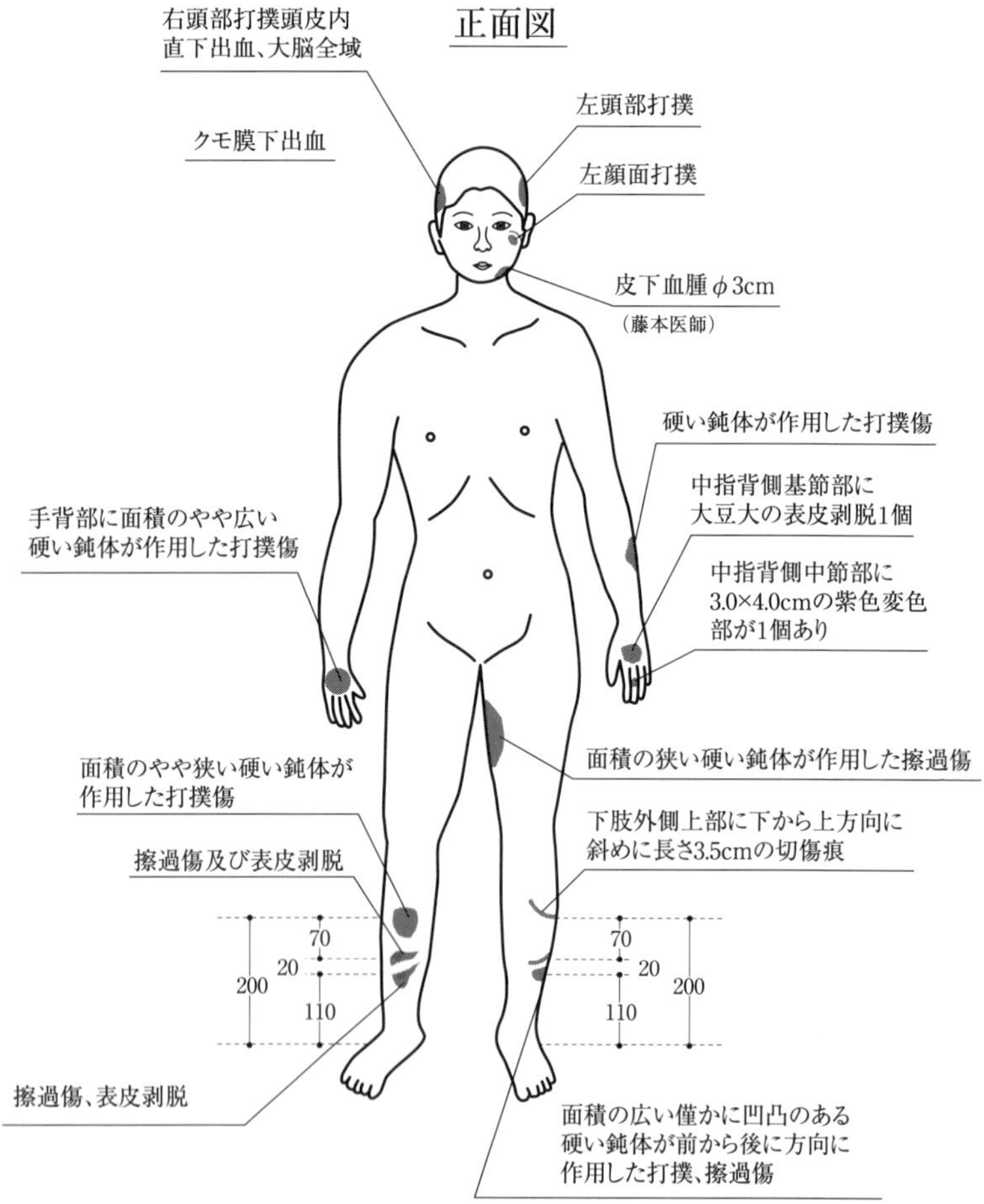
正面図
右頭部打撲頭皮内
直下出血、大脳全域
クモ膜下出血
左頭部打撲
左顔面打撲
皮下血腫 φ3cm
（藤本医師）
硬い鈍体が作用した打撲傷
中指背側基節部に
大豆大の表皮剥脱1個
手背部に面積のやや広い
硬い鈍体が作用した打撲傷
中指背側中節部に
3.0×4.0cmの紫色変色
部が1個あり
面積の狭い硬い鈍体が作用した擦過傷
面積のやや狭い硬い鈍体が
作用した打撲傷
下肢外側上部に下から上方向に
斜めに長さ3.5cmの切傷痕
擦過傷及び表皮剥脱
70
20
200
110
70
20
200
110
擦過傷、表皮剥脱
面積の広い僅かに凹凸のある
硬い鈍体が前から後に方向に
作用した打撲、擦過傷

全身の傷痕図（一目瞭然、単車による

背面図

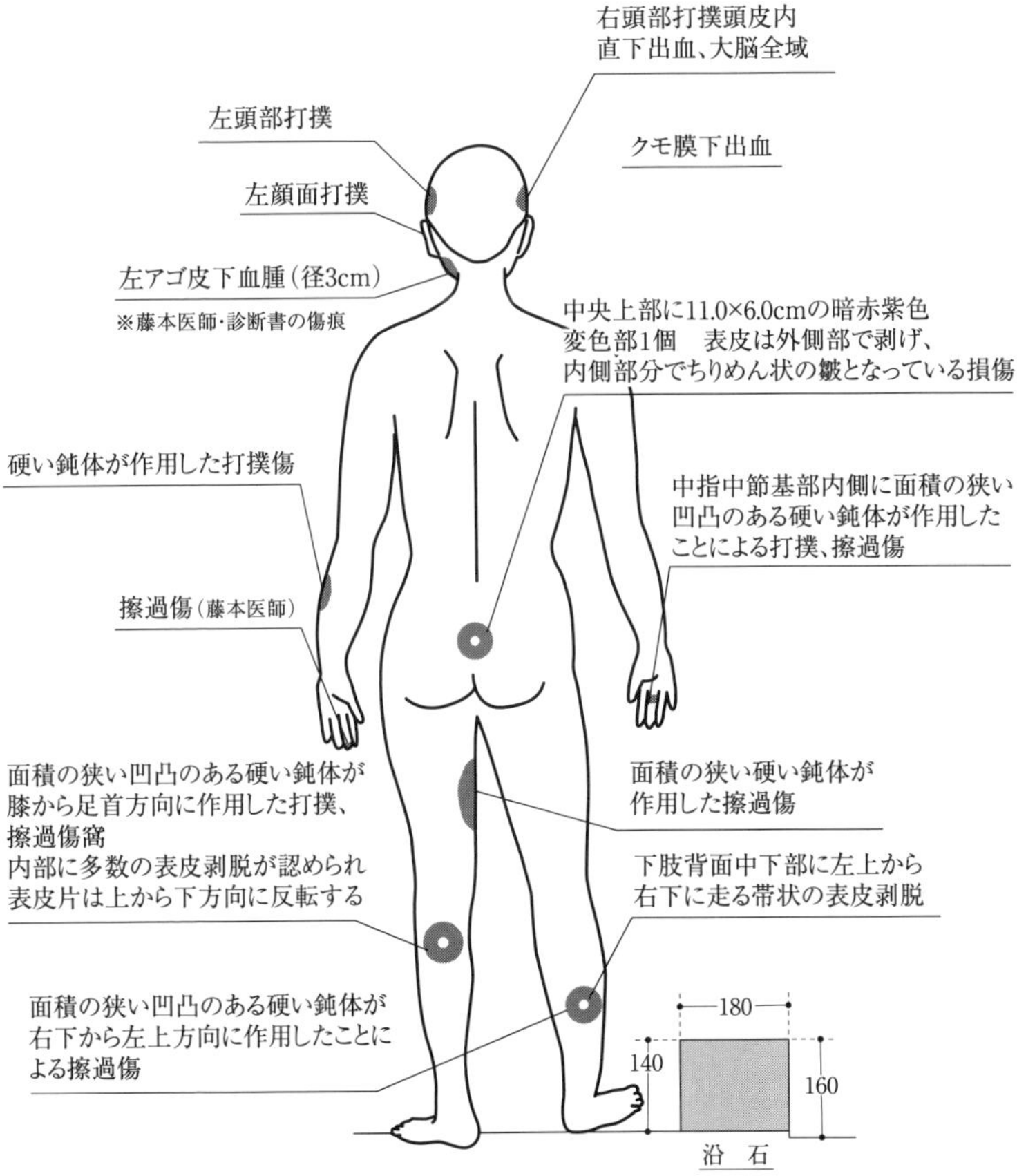
右頭部打撲頭皮内
直下出血、大脳全域
クモ膜下出血
左頭部打撲
左顔面打撲
左アゴ皮下血腫（径3cm）
※藤本医師･診断書の傷痕
中央上部に11.0×6.0cmの暗赤紫色
変色部1個　表皮は外側部で剥げ、
内側部分でちりめん状の皺となっている損傷
硬い鈍体が作用した打撲傷
中指中節基部内側に面積の狭い
凹凸のある硬い鈍体が作用した
ことによる打撲、擦過傷
擦過傷（藤本医師）
面積の狭い凹凸のある硬い鈍体が
膝から足首方向に作用した打撲、
擦過傷窩
内部に多数の表皮剥脱が認められ
表皮片は上から下方向に反転する
面積の狭い硬い鈍体が
作用した擦過傷
下肢背面中下部に左上から
右下に走る帯状の表皮剥脱
面積の狭い凹凸のある硬い鈍体が
右下から左上方向に作用したことに
よる擦過傷
180
140
160
沿　石

■上野正彦先生の「意見書」は問う

申立て人である木村さんを一度も呼び出すこともなく、松江検察審査会は審査申立ての二か月後の三月十八日付けで「議決書」を送付してきた。「不起訴は相当」という内容であったことは前に述べた。

議決書が送付されてきた数日後、木村さんが上野正彦先生に会ったことも前に述べたとおりだが、上野先生は、これまでの状況・経過と合わせて、この『議決書』に着目したのであろう。三日後には「意見書（小西静江殿死亡事件に関する意見書）」をまとめて、木村さんに手渡している。

「元東京都監察医務院長　医学博士（法医学評論家）上野正彦」の名で署名・捺印した正式な文書は四月六日付けになっているが、その結論部分を以下に紹介したい。

（一）小西静江殿の損傷について

本件において注目すべきは、小西静江殿の損傷の中で添付した写真に示すように、右下腿部前面や下方に小手拳大の青藍色の皮下出血があり、その中央には蒼白な帯状圧迫痕がみられ、何らかの紋様を思わしめる外傷がある。

この外傷は、比較的硬度の硬い紋様をもつ鈍体が、やや強度に右下腿部に作用したことを意味している。したがって、このような物体が右下腿部にたたきつけられるように作用した（強い殴打、交通事故など）か、逆に右下腿部が加速度をもって固定されたその物体に衝突（高所からの墜落など）したことが考えられる。

単なる自己転倒などでは決して形成されるような損傷ではない。とくに自己転倒の場合には、頭部や膝関節、肘関節などに擦過打撲傷を伴うことが多く、下肢部前面あるいは側面に強度の擦過打撲傷を生ずるようなことは少ない。

また両側頭部に打撲傷があるのは、単純な路上転倒とは考えにくい。加速度をもった何らかの外力が本人に作用したものと思われる。その際、頭部、顔面を手や腕でかばったため、その部位の表皮は保護された。しかし、そのようなかばい手をしたにも拘らず、外傷性クモ膜下出血を惹起しているので、その外力は強度であったと考えることができる。数多くの検視を経験していれば、この外傷の意味するところは明確に理解できるはずである。

よって、検察審査会のいう、小西静江殿は交通事故に遭遇したと認めうる証拠は皆無で、

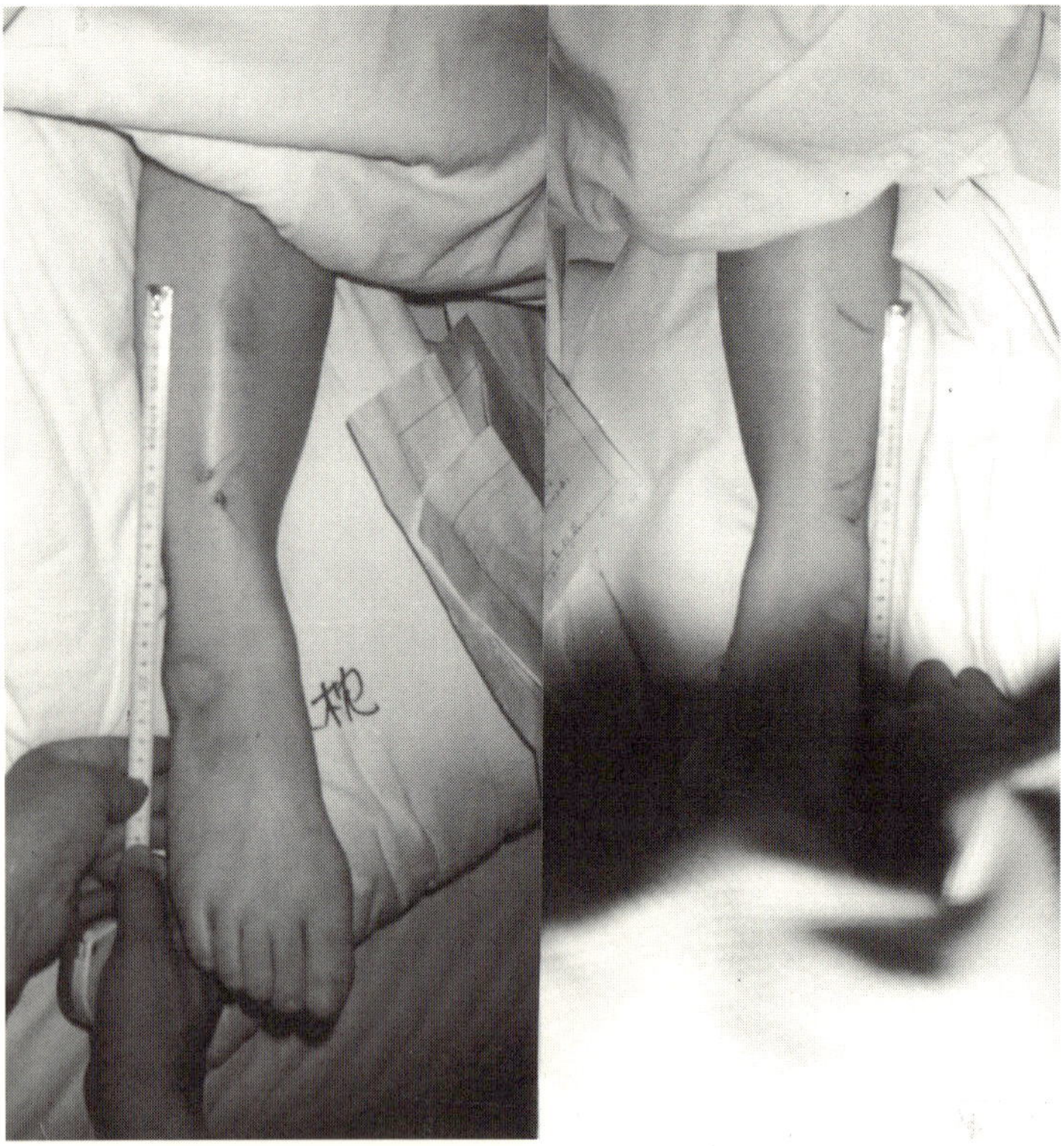

平成５年６月１日写す（事件３日後）
病気で倒れてこのような傷痕ができるであろうか？

体調異変のため自己転倒した可能性がきわめて高いと結論していることには、納得できない。

（二）クモ膜下出血について

事故当日、入院した松江市立病院の主治医らは、死因について内因性クモ膜下出血として一致していたという。

ところが本件を司法解剖した島根医大・木村恒二郎医師の診断は、右側頭部打撲による外傷性クモ膜下出血としている。しかし、木村医師は、このクモ膜下出血は転倒などの際に鈍体との接触により生ずるものと考えて矛盾はないし、転倒の原因まで解剖で判断できないとのべ、仮に交通事故だとしても車体先端との強烈な衝突による外傷は確認されないので、車体との強い衝撃は認められないことが明らかだと判断している。

つまり衝突外傷が確認されないからと考えて、交通事故そのものを否定してしまうことは、独善的な判断であり、誤認である。右下腿部前面の損傷をどう説明するのであろうか。私は監察医時代、衝突外傷の確認されていない交通事故を数多く経験している。

さらに司法解剖の結果、木村恒二郎医師自身が診断した外傷性クモ膜下出血は病的発作によって路上転倒し生じても矛盾しないから、本件は内因性クモ膜下出血であると、解釈をゆがめてしまっている。

たとえば、てんかん発作で路上転倒し、外傷性の脳出血で死亡した場合などは、病死と判断するのが医学的常識である。しかし木村恒二郎医師の死体検案書は外傷性クモ膜下出血となっており、死亡の種類は外因死⑥その他不詳と記載され、外因死の追加事項にも手段および状況は不詳としながらも、外因によることを明確に表示している。あくまでも外因死と判断しているのであるから、外因死（外傷性）としての理論を貫き通さなければならない。もしも一つの死因に内因死と外因死の二つの解釈が成り立つと考えるならば、死亡の原因は⑦その他及び不詳（内因死か外因死か不明）とならなければならない。

また普通、内因性クモ膜下出血の多くは、脳底部の動脈瘤破裂による場合が多いが、このケースは内因性といいながらなぜか動脈瘤についての記載も論争もみられない。外傷性クモ膜下出血の場合には、動脈瘤に関係なく、外力の加わった部位の脳や血管からの出血である。

さらに内因性クモ膜下出血か、外因性クモ膜下出血かの区別をするのは、からだの外部を診察した臨床医よりも、死後解剖して内部所見を確認した執刀医（木村恒二郎医師）の判断の方がはるかに正確であるはずなのに、外傷性クモ膜下出血という診断を、衝突外傷がみられない（右下腿部前面の紋様のある皮下出血の存在をどう分析してるか不明であるが）などの理由をつけて、病的発作によって路上に転倒した内因性クモ膜下出血と解釈していることは、医学的論理性を無視した結論である。

(三) まとめ

死体所見（右下腿部前面の皮下出血、両側頭部打撲）、司法解剖による死因（外傷性クモ膜下出血）から考えると、小西静江殿のからだには比較的強い外力が作用し路上に転倒したことは明らかなので、これらの所見と現場の状況を併せ考えると、自転車を含む単車あるいはその他の車両などの接触による交通外傷の可能性が高いと判断する。少なくとも、検察審査会の結論である内因性クモ膜下出血による路上転倒には賛成できない。

平成八年四月八日

元東京都監察医務院長・医学博士（法医学評論家）　上野　正彦 ㊞

さて、木村さんにとって「これは、最高裁の判決と一緒だ!!」と言わしめた、上野正彦先生の「意見書」であったが、松江署・島根県警、松江地方検察庁・同検察審査会は、どう答えたのであろうか?

残念ながら、この書面を数回にわたり送付し、公にしても無視し、未だにその意見書に対する回答がないのである。

■追及十年後の「情報開示」でわかった鑑定書・各調書の真実と嘘

松江署・島根県警は、それまで「刑事訴訟法を理由に、調書類の開示」を頑《かたく》なに拒んでいたが、木村さんは、ようやくそれらを目にすることができるようになった。事件発生から十年、二〇〇二(平成十四)年十一月八日、松江地方検察庁から「交通事故に関する実況見分調書等について、被害者の方、あるいはその遺族の方が閲覧することが可能となった」との文書が届いたのである。

情報開示の告知から、ちょうど一か月前の十月八日、木村さんは真相追及の第五弾『これでよいのか日本/警察十年の大嘘を暴く』を出版、各方面にも送付し、事件の解決にむけて協力を訴え続けていた。

十月三十日の衆議院内閣委員会で、社民党・市民連合の北川れん子議員が同書をかざして、この事件について訴え、当時の国家公安委員長・谷垣禎一国務大臣に善処を求めたのも、一連の流れによるものであった。

谷垣大臣は「そういう被害者の視点にたった捜査を遂行していくように、国家公安委員長として督励したい」と、答弁している。だが、北川議員の追及、谷垣国家公安委員長の答弁と、直後の情報開示の告知とが、どれほど関連があったかどうかは、定かではない。

わが国における情報公開の歴史は浅く、国レベルでの法律「行政機関の保有する情報の公開に関する法律」いわゆる情報公開法が制定されたのは、一九九九（平成十一）年である。ちなみに地方自治体では、一九八二（昭和五十七）年、山形県金山町が日本では初めての情報公開条例を制定している。国に先駆けること十三年前のことになる。

欧米における情報公開の歴史は一七世紀にまで遡ることができるといわれるが、わが国においても憲法に「国家行為の公開原則」が示されており、情報公開は「憲法内在権利」と考えられてきたが、実際に日の目をみてから、まだ十年にも満たないのである。

さて、情報公開となったとはいえ、そのころ木村さんは体調不良のため、松江市まで出向けなかった。そこで同市の妻波俊一郎弁護士に依頼し、「実況見分調書、検視調書、鑑定書」のコピーを取り寄せてもらっている。

事件発生から十年、警察が刑事訴訟法を理由に、隠して見せなかった調書類を初めて見ることができたのである。それは三百七十四ページにも及ぶ膨大な資料であった。

内容は木村さんの予想どおりだった。警察が意図的に隠蔽しつづけてきた鑑定書にある十三の「特記事項」には、事件の核心である新しい傷痕が具体的に、かつ詳細に記されていたのである。

また、検視調書、実況見分調書にも、警察がまったくないと嘘をついてきた「左側頭部の鶏卵大のタンコブ」や、「スカートに付着していた径十四センチ大の血痕」、「左靴の左側面に六センチにわたり泥が付着していた」など、左側面からぶつけられたことが明らかにわかる内容であった。

■「鑑定書」の特記事項に記されている傷痕

ここで、鑑定書による「本屍に認められた新しい外傷」をまとめた特記事項を、以下に紹介することにしよう。

これまで警察が隠しつづけてきた外傷が、ここには事細かに記されているのだ。松江署・島根県警がいう「病気による転倒」なのか、木村さんが執拗に訴えているように、「単車による交通事故」なのか、読者の皆さんの判断を仰ぎたい。

1、左上肢

①前腕外側中部に2・5×1・0センチの淡紫色変色一個。損傷は皮下に止まる。面積に狭い硬い鈍体が作用したことによる打撲傷。
②中指背側基節部に大豆大の表皮剥脱一個。表皮片は後上方向に反転する。同じく中指背側中節部に3・0×4・0センチの紫色変色部が一個あり、その内部にゴマ粒大～大豆大の表皮剥脱を、四個認める。表皮片は後上方向に反転する（写真・7）。いずれも面積の狭い凹凸のある硬い鈍体が、前下から後上方向に作用したことによる打撲傷、擦過傷。

2、右上肢

③手背部に4・5×4・0センチの痰紫色変色部一個。損傷は皮下に止まる（写真・8）。

面積のやや広い、硬い鈍体が作用したことによる打撲傷。
④中指中節基部内側に大豆大の赤紫色変色部が一個あり、その内部に後上～前下方向に長さ約0・4センチの暗赤色線状表皮剥脱を一個認める。表面は乾燥している。面積の狭い、凹凸のある硬い鈍体が作用したことによる打撲、擦過傷。

3、左上肢

⑤大腿内側上部にほぼ左右に4・0×0・3センチの帯状赤色変色部一個（写真・9）。損傷は皮下に止まる。面積の狭い、硬い鈍体が作用したことによる打撲傷。
⑥下肢前面外側下部に13・0×6・0センチ大の淡紫色変色部一個。その内側下部に、ほぼ前後に走る1・5センチ長の暗赤色線状表皮剥脱を一個認める。表皮片は前から後方向に反転する損傷は皮下に止まる（写真・10、11）。面積の広い、わずかに凹凸のある硬い鈍体が前から後方向に作用したことによる打撲、擦過傷。
⑦下肢後面上部に2・3×1・3センチ大の淡赤紫色変色部一個。その内部に多数の表皮剥脱が認められ、表皮片は上から下方向に反転する（写真・12）。面積の狭い、凹凸のある硬い鈍体が膝窩から足首方向に作用したことによる打撲、擦過傷。

4、右下肢

⑧下肢前面中央部に３・０×２・５センチ大の紫色変色部一個。損傷は皮下に止まる。面積のやや狭い、硬い鈍体が作用したことによる打撲傷（写真・13）。

⑨下肢前面下部に７・５×３・０センチの淡紫色変色部一個。その内部に１・０×０・３センチ及び３・０×０・５センチの暗赤褐色表皮剥脱を二個認める。表皮片は左方向に反転する。損傷は皮下に止まる。面積の広い、凹凸のある硬い鈍体が右から左方向に作用したことによる打撲、擦過傷（写真・13）。

⑩下肢背面中央部に４・０×０・３センチの左上から右下に走る帯状表皮剥脱一個。表皮片は右下から左上方向に反転する。面積の狭い凹凸のある硬い鈍体が右下から左上方向に作用したことによる擦過傷（写真・14）。

5、臀部

⑪中央上部に１１・０×６・０センチの暗赤紫色変色部一個。表皮は外側部で剥げ、内側部分でちりめん状のしわとなる。皮下に止まる軽微な損傷。外傷によるものか、あ

るいは床ずれに相当するものかの区別はできなかった（写真・15）。

■「鑑定書」に対し、上野医学博士が再び問いただす

この鑑定書に対し、翌年一月、上野先生は「小西静江殿死亡事件に関する意見書（その2）」を書き、松江署・島根県警、そして執刀医（法医学者）である木村恒二郎医師を問いただしている。

意見書（その2）の構成は、「緒言」「新しい資料」「島根医大・司法解剖後の鑑定書について」「考察」「結論」となっているが、ここでは「考察」と「結論」のみを抜粋、紹介することにしよう。

小西静江殿死亡事件に関する意見書（その2）

考　察

（1）島根医大の鑑定書を要約すると、死因となった「クモ膜下出血」は、右側頭部打撲

に基づく外傷性クモ膜下出血であるとし、交通事故による路面への転倒と考えて矛盾はないと述べている。しかも転倒によって、右側頭部を打撲し、頭蓋内で脳が強く移動した結果、脳表面と脳硬膜を連結している橋状静脈の破綻によって、外傷性クモ膜下出血を生じたと説明している。しかし橋状静脈が破綻した場合は、硬膜下血腫を形成するのが一般的で、橋状静脈破綻によるクモ膜下出血とはいわない。

（2）さらに路上転倒の誘因には急速な精神、身体的異常状態の発生などの可能性もあると述べている。それはよいとしても転倒の原因は交通事故と考えて矛盾はないとしているのであるから、歩行中に内因性クモ膜下出血の発病があって、路上に転倒した可能性もあると、主張がゆれ動くのはいかがなものであろうか。

もしそうであるならば、内因性クモ膜下出血は、脳底部の動脈瘤が破綻するものがほとんどであるから、動脈瘤についての記載があって然るべきなのに、その記載はないのである。加えて解剖所見には、死因に関与するような病変はないと、矛盾に満ちた記述をしている。外因性か、内因性かの区別をするのが、解剖の目的であり、司法解剖を依頼した警察側も、医師にそれを期待しているのである。

（3）また木村恒二郎医師作成の死体検案書には、死亡の原因は外傷性クモ膜下出血、死亡の種類は外因死の⑥その他及び不詳となっている。つまり死亡の種類は外因死であるが、それが自殺か他殺か災害死なのかの区別はわからないという意味が⑥である。ところが司法解剖後に作成された鑑定書には、外傷性クモ膜下出血の誘因は交通事故か内因性の発症のためか、部検によっても区別できなかったと述べている。そうであれば、死亡の種類は、⑦不詳（病死及び自然死なのか外傷死なのか、区別できない場合が⑦である）にすべきであるのに、外因死⑥不詳にしているのである。

つまり鑑定医の考え方が死体検案書にしっかりと表現されていない。

いうならば間違った死体検案書を作成しているのである。

このように本件は最初から医学的矛盾とあやまりがあって混迷し、不幸な経緯を辿ることになってしまったと思われる。

（4）また検察審査会の議決書を見ても、事件発生は平成五年五月三十日午前八時ごろである。

警察は最初交通事故（ひき逃げ事件）として対応したが、被害者が入院した病院のドクターが、内因性クモ膜下出血と診断したため、事件性なしとなって、ひき逃げ捜査は解除された。その三日後、被害者は死亡したため島根医大で解剖に付され、その鑑定書（平成五年七月一日）のコピーが平成十四年十二月下旬に松江地方検察庁から開示され、今回はじめて解剖所見を知ることができた。

その内容は前記の通りである。

（5）とくに両下腿前面、背面の外傷（⑥、⑦、⑧、⑨、⑩）は、内因性発症による路上転倒で説明できるものではない。素肌の状態で路面に転倒すれば、その部位には擦過傷が形成されなければならないが、単なる表皮剥脱と皮下出血であるから、路面との擦過でないことは容易に区別がつくのである。さらに路面転倒の場合は主として膝蓋部に擦過打撲傷が生ずるが、そこには損傷はなく、加えて下腿背面にも⑦、⑩の損傷があるので、路上の自己転倒で説明のつく損傷ではない。

（6）したがって損傷を精検すれば、交通事故によるものか、内因性による転倒かの区別は容易である。また車との接触外傷や擦過損傷がないと考察しているが、四輪の自動車を考えればその通りであるが、しかし島根医大法医学部教授の鑑定書２ページ十三、特記事項の１、２、３、４に明記されている打撲傷、擦過傷、表皮剥脱などの成因を検討すれば、被害者はスクーターのような単車との接触と考えられる。よってさらなる精査を要望するものである。

結論

本件は最初から医学的矛盾とあやまりがあって混迷し、不幸な経緯を辿ったが、死体所見から単純な内因性クモ膜下出血（病死）ではなく、歩行中にスクーターなどの単車と接触して、路上に転倒した外傷性クモ膜下出血と考えられるので、精査の必要がある。

■〈特別寄稿〉上野正彦博士の『五つの誤り』

この章の最後に、三度《みたび》上野先生に登場していただくことにしたい。今回の事件について、法医学の立場から包括的にまとめた貴重な見解だからだ。松江署・島根県警は当然だが、関係各位、そして読者の皆さんにも熟読していただきたいと切に思う。なお、この稿は木村荘一著『島根警察は悪魔―私は死んでも許さない―』から抜粋、要約したものである。

『五つの誤り』

この事件は一つの結論に固執し、他の意見を受け入れなくなった人間の醜い一面を、曝け出した典型的事例ともいえるものである。

一つの固定観念に執着することなく他の意見、別な考え方に柔軟に対応し、自分の間違いに気付いたならば、率直に訂正できる度量も人間には必要である。個人的な問題であれば「間違いました」と頭を下げれば済むことなのだが、警察という権威ある国の組織であるが故に、一度下した結論を簡単には訂正できないということなのだろうか？

実に馬鹿げたことなのだが、しかしそこに一つの命と人権が絡んでいるから、家族は必死に真相を正そうとしているのである。

一、交通事故を病死と判断した誤り

死亡者は当時六十五歳（昭和三年生）、家庭の主婦である。道路で倒れ意識不明のまま入院しているとの知らせを受けた実兄（木村荘一氏、当時六十八歳）は、東京から直ぐに松江に（平成五年六月一日）急行した。

警察は轢《ひ》き逃げを想定し、緊急配備をしたが、入院先の病院ではいとも簡単に、「病的クモ膜下出血発症による路上転倒」と診断したため、ひき逃げ捜査は解除された。

そこに重大な最初の誤りがあった。

この事件がもつれた最大の原因は、医師の安易な診断にあったのである。もう少し慎重に交通事故のような、転倒のための外傷性クモ膜下出血もありうることを、つけ加えて説明すれば、こんなことにはならなかったのである。

兄は入院中の妹の左右の下肢を見て「あっ交通事故だ」と直感した。何故なら、L字型の異常な傷痕を発見したのである。両下肢の外傷とくに右下肢前面中央部の外傷は横に五~六糎《センチ》の帯状に蒼白となり、その辺縁は淡青藍色に皮下出血を伴い、一部に赤褐色の表皮剥脱がある。これは単なる路上転倒ではない。硬い物体（単車等）が、ぶつかって生じた、交通事故以外では絶対にでき得ない傷痕と確信したという。早速妹の外傷を実測しカメラに納め、現場を撮影して交通事故との因果関係を立証しようと立ち上がったのである。

その翌日（六月二日）、意識不明のまま妹さんは帰らぬ人となった。

当然のこと警察の病死という説明に兄は納得できなかった。警察も不安があったのだろう。念のため司法解剖を行った。結果は右側頭部打撲による外傷性クモ膜下出血と診断され、交通事故と考えて矛盾しないということであった。

臨床医の病的発作という診断は誤診であったのだ。

しかし時すでに遅く事件は、発生後間もなく臨床医の判断により、交通事故ではなく、病的発作として処理されていたのである。

二、クモ膜下出血は外傷性か病的発症かの区別ができていない

警察は独自に最初はひき逃げとして緊急配備をして対応したが、入院先の医師により病的発作による路上転倒と診断されたため、交通事故の捜査は打ち切られた。

医師の診断の社会的影響力と、責任の重さをあらためて痛感する。

警察は臨床医と解剖執刀医のまったく異なる見解にとまどい、詳しい調査にのり出した。臨床医はあくまでも病的発作であることを主張した。しかし生体の外側を診断して内部の様子を推測するよりも、死体を解剖し内部の病変を直接確認する方が、正しい判断ができるに決まっている。

自分の誤りを認めたくない気持ちはわかるが、その判断には人の命と人権がかかわり、さらに犯罪を容認してしまうという恐ろしい結果がついてくるのである。

平成五年五月三十日早朝に発生したこの事件の被害者は、入院後四日目の六月二日早朝、死亡したのである。

同日、島根医科大学法医学教室において司法解剖が行われた。

一ヵ月後の七月一日に鑑定書は、松江警察署に提出されているが、遺族の再三の要請も無視されて開示されなかったのである。

ところが、事故から十年目の平成十四年十二月、突然、松江検察庁から情報開示の通知が来たのである。半ば諦めていた木村氏は驚きながらも早速、松江の弁護士に依頼して、鑑定書・検視調書・実況見分調書のコピーを取り寄せたのである。

木村氏はすぐに私のところに持参した。鑑定書の説明の項を読んで驚いた。

頭部外傷により頭蓋内の脳がゆさぶられ、脳表面と脳硬膜を連結している橋状静脈の破綻が起こり、クモ膜下出血が生じたと述べているのである。

このような出血を、脳硬膜下出血（血腫）というのである。わかりやすく頭部の構造を説明すると、一番上に毛髪がついた頭皮があり、その下が頭蓋骨である。骨の下に脳硬膜、クモ膜、軟膜と三層の膜に被われて一番奥に脳がある。

頭蓋骨と硬膜の間に出血すると、脳硬膜外出血、硬膜の下に出血するものを硬膜下出血という。

さらにクモ膜と軟膜の間の血管が破れるのをクモ膜下出血というのである。解剖学的構造がわかっていないから、成因についての説明もおかしいのである。

執刀医は、臨床医の主張を考慮したのであろうか、クモ膜下出血は病的発作でも起こるし、転倒などの頭部外傷によっても生ずるものであると説明をはじめた。そこまでは正しいが、その次の説明がおかしい。

解剖したからといって、転倒の原因まで読みとることはできないとコメントしたのである。そんなことはない。病的発作によるクモ膜下出血か、転倒事故によるクモ膜下出血はまったく異質なものである。その区別ができないようでは、執刀医として未熟だといわざるをえない。

病的発作の場合は、脳底部の血管に動脈瘤などの病変があり、それが破綻するために生ずるものである。外傷性の場合は、そのような病変とは無関係に外力の作用によって、脳挫傷やクモ膜下出血が起こるのである。

その区別をするための解剖なのに、執刀医の説明は、車と強く衝突したような外傷は見当たらないので、歩行中クモ膜下出血という病的発作を起こし、路上に転倒して右側頭部打撲を生じたものと考えても矛盾はないと、解説したのである。

外傷性といいながら、病的発作でもよいというのでは、解剖した意味がない。それが二つ目の誤りである。

三、四輪車と二輪車の区別ができていない

また執刀医は車と接触したような外傷は見当たらないと述べているが、車両を四輪の自動車と考えているからだろう。確かにそのような外傷ではない。しかし車両は四輪の自動車だけではない。種々雑多である。

日頃これらの交通事故死を数多く検視していないと、外傷を見て車種をいい当てることはむずかしい。ドクターの経験不足のように思われる。これが三つ目の誤りであった。すなわち、外傷を詳細に観察すれば、自己転倒によるものではなく、加速度のついた硬い物と接触して、転倒した外傷であることがわかるのである。

ともかく、この事件がもつれた原因は一にも二にも、医師のあいまいな診断に起因していることは明らかである。

四、事件を不起訴にした検察側の誤り

警察の説明に納得がいかない兄は、独自に調査をはじめていた。一級建築士であったか

ら、考え方が理論的で一つひとつ積み重ねて考察している。だから自分なりにデータを集め、ひき逃げであることを訴えつづけたが、相手にされなかった。

なぜならば、警察は臨床医による治療と診断に加え、死後は大学の法医学の教授による司法解剖に基づいて結論を下している。兄が実測した傷痕図や、現場のスリップ写真、死体所見などを提出して、単車によるひき逃げだと再三、主張したが、相手にされなかったのである。

事件は業務上過失致死、道路交通法違反被疑事件として、検察官は検討していたが、明確な証拠がないと、嫌疑不十分とし不起訴処分にした。

四つ目の誤りはこの検察側の判断である。検察官は警察が調べた書類を検討して、不起訴にしたので、間違った判断はしていないというであろう。しかし警察が作成した間違った書類を検討したのだから、結果は不起訴という誤った判定をしてしまったのである。

五、検察審査会の誤り

兄は警察の理不尽さに加え、不憫《ふびん》な妹を救わなければならないと、一途であった。結婚以来、兄妹は遠隔の地で生活をしていた。しかし年老いても、兄妹愛に変りはない。強い絆《きずな》を感ずる。

兄は不起訴処分に納得できず、検察審査会に異議申立てをした。

しかし結論は冷たかった。

申立人が主張するような事故は、関係書類の中に存在しない。また被疑者を特定するに足る証拠もない。よって本件は内因性（病的）クモ膜下出血のため路上転倒で、交通事故ではないというものであった。

検察審査会のメンバーに法医学の専門家はいなかったのだろう。ともかく審査のやり方がおかしい。それが五つ目の誤りである。

申立人は解剖執刀医作成の鑑定書や警察の捜査に誤りがあることを指摘しているのである。だから審査会は、執刀医の判断をふまえた病死という警察の結論と、申立人のいう交通事故のどちらが正しいのか、法医学の専門家らに再鑑定を依頼すべきなのに、このむずかしい判断をその手順を踏まずに、法医学的知識の乏しい審査会が、提示された警察の書類を見て、病的発作で矛盾しないとして申立人のいうような交通事故でないと、結論を下したのである。

これでは何のための審査かわからない。審査のやり方が間違っているから、正しい判断ができないではないか。

この事件は一つの誤りから、次々と連鎖的に誤りを重ねていってしまった。最初のボタンの掛け違いから、全体がおかしくなり、あらぬ結論になってしまった。

兄はどうしようもないところまで、追いこまれてしまったのである。

そんなある日、突然その兄さんから知人に紹介されて私の前に現れたのである。

「先生は三十年も長い間、東京都の監察医として変死者の検視や解剖をやってこられた。ものいわぬ死者の立場に立って、死体が語り出す真相を聞き、その人の人権を擁護してこられた。先生の著書『死体は語る』『死体は生きている』など読みました。先生ならば相談にのってもらえるだろう」

ということであった。

妹さん一家は地元で生活しているので、いつまでも警察にたてついているわけにもいかなかった。しかし兄は東京に戻ってからも、義弟一家に迷惑がかからないように、たった一人で事件の見直しを訴え続けていたのである。

持参した資料は診断書をはじめ、訴え出た書類、現場の写真、死体所見の写真など、テーブル上にあふれんばかりであった。

手順を踏み、理屈を通してたった一人、素人がよくもここまでやってこられたものだと感心した。書類の文章もしっかりしていた。主張も理論的で、説得力のある説明であった。ひき逃げ事件がいとも簡単に病死にされてしまった理不尽さと、無念さがにじみ出ていた。

このような時のために、法医学はあるのだ。やるだけやってみよう。私は意見書を書くことを、兄さんに約束した。

「ありがとうございます」

兄さんはそういいながら、深々と私に頭をさげた。しばらく頭をあげなかった。涙が床に落ちるのが見えた。

しかしその時にはすでに事件は病死として終結していたのである。

私は家族側ではないし、また警察側に立っているわけでもない。一法医学者として、鑑定を依頼されれば、死体は何を語ろうとしているのか、死者の側に立って真実を明らかにしているのである。

法医学的に見て、この事件の経緯はあまりにも一方的で、理論的にも間違っている。同情心からではなく、私の正義感が約束したのである。死体をじっくり観察すると、ものいわぬ死体が真実を語り出す。生きている人の言葉には嘘がある。しかし死体は決して嘘をいわない。この事件は病死ではない。交通事故に遭ったと語っているのである。

私は三十年間、東京都の監察医をし、警察官とともに現場に臨み、二万体もの検視、解剖を行い、事件を処理してきた。就中《なかんずく》、交通事故は多かった。その経験の上に立って本件を分析しているのである。

法医学は法律上問題となる医学的事項を分析し、解明して法律の公正な適用を図る学問で、結果として人権の擁護と社会秩序の維持に貢献しているのである。法医学は正に死者の側に立った医学である。

意見書は、右下肢部前面の外傷は帯状の蒼白な健常皮膚の辺縁に皮膚出血があり、一部に擦過傷《さっかしょう》を伴って強い圧迫擦過が加わっていることがわかった。自分で路面にころんででき る外傷ではない。疾走してきた二輪車（単車）などの硬い物体と接触して形成された外傷である。加えて左下顎部の皮下出血、左顔面の打撲傷などは、左側面から外力が作用していることを意味し、そのために体は反対側の右頭部を路面に転倒打撲したと思われるのである。

これは四輪自動車の接触ではなく、単車などの接触を考えると理解できる外傷である。つまり単車の場合は車体のみならず、運転者とも接触するので接触の仕方によっては、被疑者の外傷は多種多様になるのである。その接触によって、路上に転倒し、外傷性クモ膜下出血を生じたものである。

本件を病的なクモ膜下出血の発作による路上転倒と断定することは、医学的にも間違っていると、意見書は結んでいる。

兄さんは早速、私の意見書を提出して再度異議申立てをしたのであるが、すべての審査は終了し、結論は出されているとの返答で申請は却下されてしまった。しかし兄は、今、現在も十一年間、警察と医師の嘘を追及しつづけているのである。

しかしこの事件は専門的に見て、間違った結論で、終結している。少なくとも家族側(兄)の提出した交通事故であるという資料を検討し、それに誤りがあればどこがどのように間違っているかを指摘して警察側の判断が正しいことを、専門家を含め、誰もが納得できるような説明をするのが警察側のとるべき返答であろう。

警察は国民に安心を与え、国の秩序を守る機関であるから、誤りがあってはならないし、安易な結論は許されない。事件の正しい見直しを望んでやまない。

第二章

島根県警は、なぜ嘘をつき続けるのか

最初にお断りしておきたいが、この章は、島根県松江市に隣接する安来市のローカル紙、その名も『ローカルタイムス安来』の記事を主に引用させていただいた。そうは言っても取捨選択をふくめ、著者なりの判断がはたらいていることは言うまでもない。

以下、同紙を中心に事件の現場（アベック通り）、松江市昭和町での様子などを紹介することにしたい。

ちなみに『ローカルタイムス安来』は、月一〜三回刊の地元紙（新聞）で、「アベック通り（松江市）ひき逃げ事件」を記事にした二〇〇七年三月で六三七号というから、かなり古いことがわかる。発行人は越野宗男氏である。

越野氏と木村荘一さんの直接の関わりは、今年（二〇〇七＝平成一九年）の二月からである。

木村さんの記憶によると、こうだ。

「事前に連絡があったわけではない。突然、島根から訪ねて来られた。最初は警察の回し者ではないかと警戒した」

だが、話を聞いているうちに新聞社の人であることがわかる。越野さんが何の前触れもなく木村さんを訪ねてきたのは、メディアに関わるジャーナリストならではの理由があった。

「地元、安来市での行政訴訟に勝訴したから。日本の行政訴訟は百件に一件勝訴するかどうかと言われているだけに、驚くとともに深い喜びでもあった」

この喜びを誰かと分かち合いたいと思ったとき、以前から気になっていた木村荘一さんに、早急に会いに行こうという気になった、と越野さんは同紙六三七号（三月一日）に書いている。

越野さんと木村さんの初めての面談は、冬の寒い日、二時間にもおよんだ。

■事件について語ろうとしない周辺住民

新聞人として、すでに事件の本質を見抜いていた越野氏は、木村さんの取材を通じて、あらためて事件の解決に向けてアクションを起こす。もちろん言論という武器、『ローカルタイムス安来』紙上においてである。

最初の三月一日号では、「加害者＝現場に帰ってきた男に自首を求める」という内容で、「一日も早く木村さんに謝罪し、遺族の皆さんにお詫びし、あなた自身も過去の呪縛から逃れ、島根県警の権威も取り戻そう」と結んでいる。

次の四月一日号では、三月一日から十九日まで五回にわたり、増刷した二千七百部のうち千二百部（同紙前号）を手配りしながら〝聞き込み〟をしたときの様子が記事になっている。失礼ながら地方のミニコミ紙としては、かなりの出費をともなう力のいれようだと感心するしかない。

ともあれ、三月九日、同十九日の聞き取りでわかったことは、さすがに〝足で書いた記事〟である。警察発表を鵜呑みにしてしか書けない新聞記者にとっては、爪の垢を煎じて飲んでもらいたいほどだ。この記事からは、島根県警・松江警察署の体質が浮かび上がってくるようで興味深い。

「三月九日、手配りをしながら事故現場近くにある昭和町以外の商店街を一軒ずつ聞いて歩くと、十四年前に営業しておられた商店主たちは、ほとんどの人が覚えておられ、『ああ、小西静江さんの事故でしょう！』と咄嗟に名前まで言われたほどだった。初めて事件を知った人たちでも、被害者に同情して『警察は悪いやつですね！』と言う」

だが、十日後、アベック通りのある昭和町の家々を聞いて歩くと反応が一変する。

「三月十九日に氷雨のなかを一軒残らず聞きにまわった事故現場の昭和町一帯は、それまでに二度配布していたので期待して訪ねたのだが、応対に出た人がすべて（すべてですよ?!）まず『知りません』と言ったのである」

越野さんが、新聞（ローカルタイムス安来）を二度配ったと言うと、「それは読んだ」という。だが、一人も話を聞こうともせず、また事故についても自分からどうこう言うことはなかった、という。この件について、越野さんはこう結んでいる。

「昭和町一帯は事件直後に箝口令《かんこうれい》が敷かれ、以後十四年間住民の口と心は警察権力に押さえつけられ、精神的な奴隷になっていたのである」

■隠さなければならない犯人がいたのか

『ローカルタイムス安来』（三月一日号）で、越野さんは木村さんの話をもとに、犯人像と事件の混迷について次のように記している。

「事件後、現場に帰ってきた男は三〇歳前後、サンダル履きで半袖かランニングシャツ。一見警察官タイプ。事件を起こしたのは、夜勤明けで（自宅に）帰る途中だった。怖くなって逃げたが、誰かに相談し、その人が県警（松江署）を動かし今日の混乱を招いてしまった」

ひき逃げではないと強弁するのには、大きくはふたつの理由が考えられる。まずは、初歩的な捜査ミスによって犯人逮捕の可能性が閉ざされ、警察の権威・面子《メンツ》を守るために「事件性はなかった」とするケースである。

もうひとつは、犯人は特定できているが、明らかにできない事情があるばあいだ。犯人を隠匿してきた過去の例をみるまでもなく、〝身内〟か、あるいは警察にも絶大な影響力のある、権力者と考えるのが常識的な見方であろう。

同紙の四月一日号、最後の一文も、何かしらの力がはたらいたのではないかとみている。「これだけの証拠が揃っておりながら県警も地検も動かない、否《いな》動けなかったということは、よほど大きな権力者の圧力がかかったからであろう」

島根県といえば、かつての首相、竹下登氏の地盤である。首相になる直前（一九八七＝昭和六十二年）、右翼（皇民党）の〝ほめ殺し〟「日本一、金儲けのうまい政治家を総理にしよう」で、一躍有名になったが、だからかどうか、総理大臣に就任した二年後にはリクルート疑惑で総辞職している。

竹下氏は引退表明から一か月余で亡くなっているが、ひき逃げ事件の起きた一九九三

（平成五）年、竹下派はそれでも自民党の最大派閥・経世会を率い権勢を誇っていた。竹下氏亡きあとも、いずれも秘書であった異母弟の亘（衆議院議員）、参議院のボスとして君臨する青木幹雄両氏に、少なくとも地元での権益は引き継がれているとみていいだろう。

同紙（四月一日号）の投書によれば、「金儲けがうまいから」かどうか、「疑惑三兄弟＝警察、建設業界、自民党竹下派議員」というのが〝通説〟のようである。一例として、県警ＯＢの県会議員上代義郎氏が交通違反や事故をもみ消してきた事実もあると指摘している。上代議員もまた竹下派の実力者である。それが献金の見返りであったかどうかは、常識的に考えればわかることであろう。

このひき逃げ事件について、現時点では島根県警、警察庁によって深い闇につつまれたままだとしか言えない。

■島根県警の「体質」に問題はないか

『ローカルタイムス安来』五月一日号は、自民党島根県議会の実力者・上代氏に宛てた公開質問状となっている。「あなたは本当にひき逃げ犯を知らないのか？　島根県警の権威を守り、遺族と犯人の心の傷を癒してあげたい……」というのが趣旨である。

上代議員は事件があった一九九三（平成五）年、島根県警本部の防犯部長の要職にあった。翌九四年度には防犯部そのものが組織から消滅すると同時に、上代氏は退職するが、翌九五年には県会議員になっている。

したがって、「ひき逃げ事件と関係があるか否かは別にして、（上代氏が）ひき逃げ事件を知る立場にあったことは否定できない事実」である。また、「十四年経った今日に至っては、島根県警の悪質極まりない組織ぐるみの隠蔽が行われたことも隠しようのない事実」として県民に広く知れ渡っていると指摘、さらに「今や島根県警が明らかに異常事態のとき、上代議員が島根県警ＯＢとして、このひき逃げ事件の犯人と遺族を和解させる仲人になってもらえないか」と、結んでいる。

「アベック通りひき逃げ事件以来、島根県警は多くの重大犯罪を時効にし、迷宮入りにしている」というが、今回の事件とは直接関係がないので省略することにする。だが、同紙の記事からは島根県警の「体質」に、深くて暗い何かしらの問題があるように思えてならないが、どうであろうか。

第三章　請願採択（第１６３国会）で苦労が報われると喜んだが

■制度創設（98年1月）以来、初の請願採択だった

「苦情請願　やっと第1号」の見出しで、朝日新聞（二〇〇五年十月二十五日地方版）は木村荘一さんが提出した苦情請願が参議院行政監視委員会において、全会一致で採択されたことを報道している。

苦情請願とは、行政の怠慢や不注意で不利益をこうむった人が救済を求めるもので、参議院改革の一環として一九九八（平成十）年にできた制度だが、なんと木村さんの請願採択が第一号であった。

制度が誕生してから八年目にして、くりかえしになるが、「やっと第1号」というのは、どういうことであろうか。

参議院の円より子議員（厚生労働委員会に所属）のホームページから引用すると、こういうことだ（二〇〇七年五月二十七日現在）。

「厚生労働委員会に付託された請願、一、三四三件のうち、採択されたものは二件だけだった。当事者にとっては切実な内容の請願も、ほとんどが与党の反対によって不採択になった」

苦情請願やっと第１号（朝日新聞）

2005年（平成17年）10月25日　火曜日

苦情請願 やっと第1号

参院行政監視委 制度誕生8年目

行政の怠慢や不注意で不利益を受けた人が救済を求める「苦情請願」が、24日の参院行政監視委員会で8年目にして初めて採択された。12年前に島根県の主婦が路上で倒れて死亡した件について、遺族が「ひき逃げ事故と認めず、精神的苦痛を受けた」として警察当局に説明を求めている。苦情請願は、参院改革の一環として7年前にできた制度で、今回が第1号となった。

今回審議されたのは、東京都杉並区在住の男性(80)からの請願。請願書などによると、男性の妹が93年5月に松江市の路上で倒れていたのが見つかった。当初、交通事故などの可能性もあったが、「内因性くも膜下出血」と診断され、警察は緊急配備を解除した。男性は95年に被疑者不詳で告訴したが不起訴に。検察審査会への申し立ても不起訴相当とされた。

だが、02年に情報公開で検視調書や鑑定書が開示され、スカートの血痕や28カ所に及ぶ擦過傷の存在などが分かった。男性が意見を求めた元東京都監察医務院長が「バイクなどと接触して転倒した外傷性くも膜下出血と考えられ、精査の必要がある」との判断を示した、としている。

委員会で、警察庁側の「現場看視や見分でも交通事故とうかがわせる要素が認められないが、転倒の原因は特定にいたらなかった」との答弁に委員から「納得できない」との声があがり、請願を採択した。本会議の採択をへて内閣に送付される。

「苦情請願」を初採択

参院行政監視委員会は二十四日、行政の怠慢や不適切な運営によって権利の侵害を被った人の訴えを審査する「苦情請願」を初めて審査し、全会一致で採択した。採択したのは都内の男性の請願で、松江市で亡くなった身内の死因を巡り路上でひき逃げされた疑いがあるとして警察当局に処理経過の説明などを求める内容。参院本会議で採択後、内閣に送付する。同委員会は一九九八年に設置された。

採択率は、〇・一五パーセントに満たないのが実情なのだ。同議員は、全党の議員が紹介議員になっても、与党の反対により、ほとんどが採択されないという。請願制度は、憲法に定められた国民の政治にたいする意見表明の権利に基づくものだが、なぜ、このような結果になるのだろうか。

ふたたび円議員のホームページに戻ると、次のように説明されている。

「政府（各省庁）が、事前に請願の内容を検討し、政府にとって不都合な内容のもの（請願）を採択しないように、与党に依頼しているからだ」

木村さんの請願は、与党・公明党の浜田昌良議員が紹介議員として提出されたからではないだろうが、行政監視委員会（山口那津男委員長＝公明党）では全会一致で採択された。なお、議案審議は、浜田昌良紹介議員（公明党）の趣旨説明、このあと松岡徹議員（民主党）が、政府参考人（警察庁）に対して、「なぜ交通事故として捜査されなかったのか」詳細かつ具体的に質している。

先の新聞報道によれば、警察庁の「転倒の原因は特定にいたらなかった」とくりかえす答弁に、委員から「納得できない」という声があがったこと、そして請願採択の決め手は、

国民の苦情を初採決（公明新聞）

“国民の苦情”を初採択

行政の怠慢チェック
公明も制度活用推進

参院行政監視委

行政の遅延《ちえん》や怠慢、不注意などによる権利や利益の侵害に関する初の「苦情請願」が、24日の参議院行政監視委員会（山口那津男委員長＝公明党）で審査され、全会一致で採択された。公明党の浜田昌良氏が請願の趣旨説明を行った。委員会終了後、山口、浜田両氏は、請願者である木村荘一さん（都内在住）らと懇談した。

木村さんは、1993年5月に島根県松江市内で死亡した実妹は、ひき逃げによる交通事故死だったと主張。死因は内因性くも膜《まく》下出血で交通事故死ではないとする警察当局に、理由の説明を求めている。請願は、26日の参院本会議で採択され、警察庁に送付される見通し。

同委員会は、98年1月、参院改革の一環として法案審議を行わない第2種常任委員会として設置。行政監視と同時に国民からの請願の審査にも当たる。苦情請願制度について公明党は、山口氏が制度の積極的な活用を主張するなど推進してきた。

委員会審査で浜田氏は、「歩行中にスクーター等の単車と接触し、路上に転倒した外傷性くも膜下出血と考えられる」との元東京都監察医務院長の意見書を紹介しながら、「遺族は長期にわたる不適正な行政により、精神的な苦痛を受けている。警察は交通事故と認定しない理由について、具体的かつ明確に説明すべき」と強調した。

苦情請願を提出した木村さん（左手前から２人目）らと懇談する（右から）山口、浜田両氏＝24日　参院議員会館

終了後の懇談で、山口、浜田両氏は木村さんらをねぎらうとともに「役所の行うことを一つ一つ見張ることも国会の重要な役割」と述べた。木村さんは「お二人のおかげで、ようやくここまでこれました」と感謝していた。

「〇二年の情報公開」「元東京都監察医務院長の判断」をあげている。

事件から十年たった一九〇二（平成十四）年の情報公開で「検視調書」「鑑定書」が開示され、自己転倒では考えられないスカートの血痕や二十八カ所に及ぶ擦過傷の存在が明らかになったこと。元東京都監察医務院長、上野正彦氏の意見書は「バイクなどと接触して転倒した外傷性くも膜下出血と考えられ、精査の必要がある」というものであった。

行政監視委員会の採択のあと、翌々日の本会議七号議案（第百六十三国会）は、満場一致で、かつ拍手をもって採択されたというが、これは木村さんを支援している緒方靖夫議員（共産党）に当日、電話で聞いて分かったことであった。

「これで十三年におよぶ苦労も報われ、妹の霊も浮かばれるだろう」と、木村さんが家族ともども喜び合ったことは、いうまでもなかった。「何しろ、国の政治を決める国会で、私たち遺族の願いが聞き届けられた」のだから、そう考えて当然であろう……。

請願採択後も嘘をつき続ける島根県警

参議院本会議で請願が拍手をもって採択されたあと、木村さんは島根県警からの回答を心待ちにしていたが、なかなか返事はなかった。

採択から三か月たった二〇〇六（平成十八）年一月二十五日、永田町の都道府県会館で、島根県警察本部交通部交通指導課の大屋博政課長と会うことになった。

だが、その内容は、「交通事故と認定しない理由について、公明正大、明確かつ具体的に説明することを課す」というものとは、ほど遠いものであった。

木村さんたち遺族に対し、Ａ４判八ページにわたる「回答書」を一方的に読み上げるという誠意のかけらもない、態度に終始する形だけの「説明」だった。しかも、その内容たるや、これまで何回も繰り返してきた「捏造・詭弁」を綴ったものにすぎなかった。

木村さんは怒り心頭に達し、大きな声で「全文欺瞞だ。納得できない」と反論したが、大屋課長は「時間がないから」ということで席を立ち、話し合いさえ続けられなかったという。

私も、島根県警からの「回答書」を読ませてもらったが、まず「病気による自己転倒」という結論ありきで、あらゆる調書類のなかから都合のいい部分だけを継《つ》ぎ接《は》ぎしているという感が拭えず、しかも「成傷器」なる新たな〝捏造語〟が記載されたものであった。

これが請願採択後の、島根県警の「公明正大、明確かつ具体的な回答」の実態なのだ。

木村さんは、ただちに反論を用意しようとするも、ショックもあって、狭心症で緊急入院することになる。

後に「国会を愚弄する島根県警の回答——その偽りを明らかにする」と題して、反論をまとめ、島根県警にも送達しているが、真実を明らかにした回答は、未だに木村さんのところに届いてはいない。

以下、木村さんの反論の要点をまとめると——。

一、島根県警は、上野正彦先生の「意見書」を意識的に避けている。この「意見書」を否定すれば、当然のこと法医学を基礎にした「論争」に発展することになり、それを恐れてのことであろう。卑怯な態度と言わざるをえない。

二、「医師の判断のみをもって緊急配備を解除したものではない」と説明しているが、一九九三（平成五）年六月一日、被害者の怪我の実測図をもって松江署の田島係官と面談したときに「この傷痕はひき逃げ事故以外では絶対にできないものである」と強く申し入れた。しかし田島係官は「松江市民病院の医師の見解（内因性クモ膜下出血による病気転倒）を尊重している」と言った。司法解剖の結果「外傷性クモ膜下出血」と死因が明らかになっても「内因説」の誤りを認めようとしないのはなぜか。

三、「忘れ物を静江が夫に渡したとき、顔色が真っ青であった。だから病気転倒である」という説明があるが、夫の小西富は松江署の山田錡署長に「妻は元気であった」ことを上申書で言明しているのである。また「衣服も乱れずに仰向けになっていた」者が、二十八箇所もの傷痕を残すはずはなく、犯人が衣服の乱れを直して立ち去ったのに間違いない。

四、司法解剖した鑑定書には大きな矛盾がある。十三項「特記事項①〜⑬」は傷痕が詳しく明記され、誰が見ても単車と接触（ひき逃げ）事故とわかる。ただし警察に依頼されてか、単車を「幅の狭い凹凸のある硬い鈍体」といってごまかしている。しかも三十七項の「説明・鑑定」では、本件とはまったく関係のない四輪自動車を想定し「車体との衝突および礫過はなかった」などと捏造欺瞞の矛盾した〝一口両舌〟の記載になっている。

五、「幅の狭い凹凸のある硬い鈍体」とか「成傷器」など意味不明な「捏造語」を使っていることである。これは「病気転倒」と欺瞞しているから「単車」と記載できないからに他ならない。鑑定書には「成傷器」という言葉は使われていない。

肝心なことは「鈍体」や「成傷器」が「作用した方向」である。路面や縁石は動かないのだ。「作用した方向」は、単車が被害者の体に接触した方向、傷痕の向きなど「特記事項」に詳しく記されている。内因性クモ膜下出血で路上に転倒した人間が下から上、右から左、正面から背面に二十八箇所もの傷痕ができるはずはない。

木村さんの反論文は、島根県警の「回答書」の一つずつに手厳しく反論を加えたもので、回答書を上回る十枚もの労作であるが、ここではその要旨のみを再録させていただいた。

ここで、木村さんの島根県警本部長宛「公開質問状」（二〇〇六＝平成十八年五月二十八日）の要旨と、その回答書（同年六月十四日）を紹介しておきたい。

今回の質問状のポイントは、「島根県警のいう国民一般には分からない言葉についての質問」、以下の三項目であった。役所言葉どころか、全く意味不明な用語を使っているからである。

・第一問　貴官のいう「成傷器」とは何か、また「作用した方向」とはどういうことか？
・第二問　「鈍体が作用した」とは、どういうことか？
・第三問　「特記事項」に明記されている「面積の狭い凹凸のある硬い鈍体」とは何か？

この公開質問状に対する回答書の写し（次頁）を見ると分かるが、「木で鼻をくった」ような内容でしかない。

回答書は、いつもどおり「……文書により説明したほか、数字にわたるご質問でお答えしたとおり」から始まっており、真摯に回答しようという姿勢は微塵《みじん》も見受けられない。肝心なところは、これまた従来どおり主権者であるはずの市民をバカにした、日本語としては通用しない不誠実な表現に終始している。

「……『成傷器』とは、体に作用して創傷を成した器物をいい、『作用した方向』とは、成傷器が働いた方向をいいます……」

現物の写しを見ていただきたいが、これは「かかってもいない光熱費を計上」し、その言い訳として「ナントカ還元水……」といって自殺した某大臣と全く同じ手口ではあるま

「成傷器とは何か」の質問に対する島根県警の回答書

島交指第４１３号
平成１８年6月１４日

東京都杉並区上井草４－７－９
木　村　荘　一　様

島根県警察本部長

公開質問状に対する回答について

平成１８年5月２８日付けの公開質問状について、次のとおり回答します。

記

このことにつきましては、平成１８年1月２５日に貴殿及び御親族の方と面接し、文書により説明したほか、数次にわたるご質問でお答えしたとおりであります。

なお、「成傷器」とは、体に作用して創傷を成した器物をいい、「作用した方向」とは、成傷器が働いた方向をいいます。また、「面積の狭い凹凸のある硬い鈍体」とは、作用面が広くない・凹凸のある硬い鈍体をいい、道路では歩道縁石もこのような物体と言えます。

いか。

「体に作用して創傷を成した器物」が何なのか、木村さんは、法務大臣・国家公安委員長・警察庁長官、そして前出の警察庁の花岡室長に数回にわたり公開質問状を出している。だが、一度も回答はない。木村さんは言う。「成傷器が何かを、つきつめていけば、単車しかないことを認めるしかないから。だから回答できないのだ」と。

■小泉前首相の無責任な「回答」

島根県警の「回答書」にショックを受け、狭心症で緊急入院した木村さんだったが、それに輪をかけてショッキングな事態が待ち受けていた。

島根県警が「回答書」を読み上げるだけで、逃げるように立ち去っていってから四か月後、採択から七か月後の五月十五日付けで、小泉純一郎総理（当時）は、扇千景参議院議長宛に「島根県警察は具体的かつ詳細に説明を行ったとのことである」という政府からの回答書を送っていたのである。

「あの国会での採択はなんであったのか」

木村さんは、そんな思いと怒りから眠られぬ夜がつづいたという。

だが、じつをいうと、木村さんがこのことを知るのは、二か月以上あとになってからであった。七月の中旬に、松江市の知人から「地方版の新聞に出ている」との知らせがあって、読売新聞地方版（二〇〇六＝平成十八年六月二十二日付け）を送ってもらったからである。なぜ、一か月以上も経過してから新聞報道されたのかも不明であった。

小泉前総理の回答は、つぎのようなものであった。

政府においては、平成五年五月三十日に松江市において発生した交通事故死の疑いのある事案の明確な説明を求めることに対する請願を受け、当該事案の捜査を行った島根県警に対し、請願を踏まえ適切に対応するよう求めたところである。

島根県警においては、平成十八年一月二十五日、請願者等に対し、本事案を交通事故と認定しなかった理由について、当該事案の捜査結果に基づき、具体的かつ詳細に説明を行ったとのことである。

採択された請願は、破棄されてしまったのだ。

「嘘をついている警察の言い分を鵜呑みにした片手落ちの判断、警察の〝用心棒〟行政ではないか」

さらに付け加えれば、国民を騙し続ける警察の横暴を放置したままの政治ではないか、ということである。木村さんの怒りは、おさまらない。「警察は正しいものと決めつけている小泉総理は〝裸の王様〟だ！」「神仏をも恐れぬ非常識な愚行悪政。後の安倍総理のいう美しい国どころか、腐った日本だ」と、きびしい言葉が次からつぎへと出てくる。そして口惜しそうに、こう結んだ。

「このことは国会の歴史に永久に残り、私が死んでも消えることなく、いつまでも語り継がれるだろう」

■小泉さんは「請願」が嫌い？

「請願」は憲法に定める国民の権利であるが、前首相の小泉さんは、この「請願」が嫌いなようだ。なるほど、と思わせる新聞記事があった。二〇〇四（平成十六）年二月六日の『沖縄タイムス』の社説だ。

請願というのは、自衛隊のイラク派遣について、宮崎県の女子高生が小泉首相あて内閣府に出したものだ。「自衛隊や軍隊では問題は解決しない」と、平和的解決のために各国へ軍隊の撤退を呼びかけるよう求めている。

宮崎日日新聞によると、この高校生はテロや攻撃の続くイラクを知り、昨年暮れから賛同者や口コミなどで署名を集めた。米国やオーストラリア、中国からも届き五千三百五十八人にのぼったという。

小泉さんは、どう対応したか？「生徒に自衛隊が平和的貢献をすることを学校で教えるべきだ」と、教育現場に逆に注文した。これって、〝逆切れ〟ではないのか。続けて「世の中、善意の人間だけで成り立っているわけではない。なぜ警察官が必要か、なぜ（各国）軍隊が必要か……」とも言っている。

憲法第十六条「請願権」は、国務に関する事項について「何人も、平穏に請願をしたために、いかなる差別待遇も受けない」と定めている。

請願権は歴史的には、専制君主に対し、国民が権利の確保を求める手段として発達してきた権利。現在でも国民の意思表示の重要な手段として「参政権」的な役割を果たしている（『憲法』第三版、芦部信喜著）。

「人生いろいろ、会社もいろいろ」発言の小泉さんらしいが、同紙は、「請願書を読むことなく発言している。誠実に処理することもなく、その批判的な内容は請願者への『差別待遇』に抵触するものだ」と指摘している。

この記事からもわかるように、どうやら小泉さんは「請願はキライ!!」のようである。今回の苦情請願に対する回答、「具体的かつ詳細に説明を行ったとのことである」という無責任きわまる姿勢にも、それは明瞭にうかがえるのではないだろうか。

■法治国家の日本・警察は、これでいいのか

請願という〝民の声〟に耳を傾けない政治家を、首相に選んでいるわが国の不幸は何といったらいいのだろうか。もっとも、後継の安倍首相も同じである。

先の参議院選（二〇〇七＝平成十九年七月）で歴史的な大敗を喫してもなお、「続投する」と広言してはばからない。もっとも、この本の編集をしている最後の段階で「安倍首相、辞任」のニュースが飛び込んできて驚かされたが、こんな辞め方は、憲政史上、例をみない無責任さでしかない。

小泉さんの郵政民営化は大きな問題はあるものの、いちおう〝民意〟を問う形をとっている。だが、安倍首相のいう美しい国づくりについては、彼自身とその取り巻きが主張しているだけで、国民の誰が約束をしたというのだろうか。

かなしいことだが、これがわが国の政治の実態である。

いま、法治国家であるはずのわが国は、瀕死の状況にあるといっていい。話を警察に戻

してみてもそうだ。ちなみに、パソコン上で「警察・不祥事件・隠蔽事件」を検索してみると、なんと一万五千六百件も出てくるのである。

数年前、神奈川県警を中心にした警察の組織的犯罪が発覚したことは、国会でも問題になったので記憶に新しい。このときに驚かされたのは、神奈川県警には「警察一家」の不祥事隠しのために、内部マニュアルがあったことである。

だが、これは神奈川県警だけではなかった。

一九九九（平成十一）年九月二十九日の参議院決算委員会で、厚木署の集団暴行事件を追及した阿部静代議員（日本共産党）は、関連して島根県警の警部昇任試験問題を取り上げた。

これは、『日刊警察』（一九九七年六月六日号）に掲載された島根県警の警部昇任試験の模範解答例である。なお、この『日刊警察』は、全国の警察署、警察官を読者対象とする専門紙である。民間企業ではあるが、警察庁長官の訓示が掲載されるなど、どうみても警察業界（？）の社内報的な色彩が濃いといわざるを得ない。ちなみに当時の社長は、三重県警・京都県警の本部長を歴任したバリバリの元警察官僚である。

この問題は、『週刊宝石』（同年十月二十八日号）で、「見つけたぞ！　警察の『昇任試験』に出た『不祥事隠し』の模範解答！」の大見出しで報じられている。
今回の静江さんひき逃げ事件との関わりも深いので、以下に要旨を紹介させていただくことにしよう。
『日刊警察』紙上に掲載された試験問題は、こういう内容である。
《隣接する警察署から、自署員による飲酒運転の交通事故が発生したとの通報があった。次長としてとるべき措置について述べよ》
そして、この問題の模範解答例が記されているのだが、唖然としてしまう。問題部分を抜き出してみよう。
《報道関係者の事案察知の有無を確認し、察知されていなければ広報を控えるよう依頼する》
《（被害者に対しては）正直に身分を明かすとともに、秘密の保持について協力をお願いする》
《組織に対するダメージを最小限にとどめるのが、この種事案処理の目的である。……秘密の保持に細心の注意を払わなければならない》
島根県警というより警察全体であろうが、これが〝本音〟であり、警察組織のメンツを守るために、都合の悪いことはすべて隠蔽しようというのである。しかも、この問題に〝正解〟できないと、警部に昇任できないということである。不祥事を隠蔽できないようでは、出世できないというシステムになっているのだ。

『週刊宝石』によれば、阿部議員が取り上げたのは島根県警に止まることなく、石川県警、鹿児島県警においても、同様の昇任試験問題があるというから、恐ろしい。

木村さんの実妹、小西静江さんのひき逃げ事件について、松江署・島根県警・警察庁が頑《かたく》なに交通事故と認めないのも、むべなるかなということになるが、こうしたことを許しておいていいのであろうか。

終章　各界の人々に支えられて

■「正しい日本にするために」たたかい続けなければならない

事件から二〜三年、木村さんたち遺族のたたかいは、孤立無援だった。だが、事件発生から三年目を迎える一九九六（平成八）年三月、『死体は語る』の著者として知られる〝法医学の権威〟であり、元東京監察医務院の院長でもあった上野正彦先生に会うことができたことは、前述したとおりである。

上野先生との出会いは、木村さんにとって、まさに「地獄で仏」に会えたようなものであった。

「検察庁への提出用として、二度にわたって『意見書』を書いていただき、ほかにも特別寄稿『五つの誤り』（著者注・本書にも収録）を頂戴している。これらが、どれだけ強力な〝武器〟になったかは計り知れない」

こう語る木村さんにとって、上野先生との出会い以降、それまでの孤独なたたかいから少しずつではあるが、進展していくことになる。

ここでは、木村さんが今でも大切に保存している資料を交えて、いくつかを紹介することにしよう。

上野先生に出会った一九九六（平成八）年三月、衆議院の松本善明議員（共産党）は、国会の事務所に警察庁交通局の担当官、金丸和行警視を呼んで、この事件の真相究明に乗り出している。同年一〇月には同党参議院の緒方靖夫議員の国会事務所で日本国民救援会の山田善二郎会長を紹介され、さらに警察庁官房総務課の担当官と折衝、後に警察庁は緒方議員に『小西静江変死事件概要』を提出、そのなかで「ひき逃げを視野にいれて捜査中」と回答している。

また緒方議員の働きかけによって、木村さんと島根県警との直接の話合い（足立暢夫交通課長補佐）が同年十一月から翌年二月にかけて三回行われたこと。また、足立課長補佐が、木村さんの著書『死体は真実を知っている』を三回読んで、「本に書いてあるとおりだ。間違いはない」と言いつつも、公式の席では「転倒の原因は不明」と逃げていることも前述のとおりである。

一九九七（平成九）年、『死体は真実を知っている』を自費出版した木村さんのところには、政界ほか各方面から励ましの手紙・はがきが届いている。

「警察庁長官も経験された後藤田正晴先生からは、長い間の心労をねぎらうお手紙をいただいたのをはじめ、田村元先生からは金一封、小沢一郎先生、森喜朗元総理、高市早苗先生ら多数の方々から励ましのお頼りをいただいた。とくに松浦功元法務大臣からは『涙なくしては読めない』との、ありがたい言葉をいただき、大変感激した」

もう十年も前のことだが、木村さんにとっては、かけがえのない励ましの言葉であったことは確かであろう。

翌年の七月には、元警視総監の松橋忠光氏からも激励の手紙と一緒に、同氏の著書『わが罪はつねにわが前にあり』を贈られている。手紙のなかで、松橋氏は「『死体は真実を知っている』を拝読し、警察OBの一人として痛憤を禁じえません。貴台のご無念とご憤激が察せられます」と書いている。

こうした動きの影響がどれだけあったか、実際のところは分からないが、事件から十年たった二〇〇二（平成十四）年十月三十日、国会で北川れん子衆議院議員（社民党・市民連合）が衆議院内閣委員会で、木村さんの著書『これでよいのか日本／警察十年の大嘘を暴く』をかざして本事件の真相究明を訴え、谷垣禎一国務大臣（国家公安委員長）に善処を求めた。

谷垣大臣は「被害者の視点に立った捜査を遂行していくよう、国家公安委員長として督

後藤田正晴氏（上）、佐藤道夫氏（下）の手紙

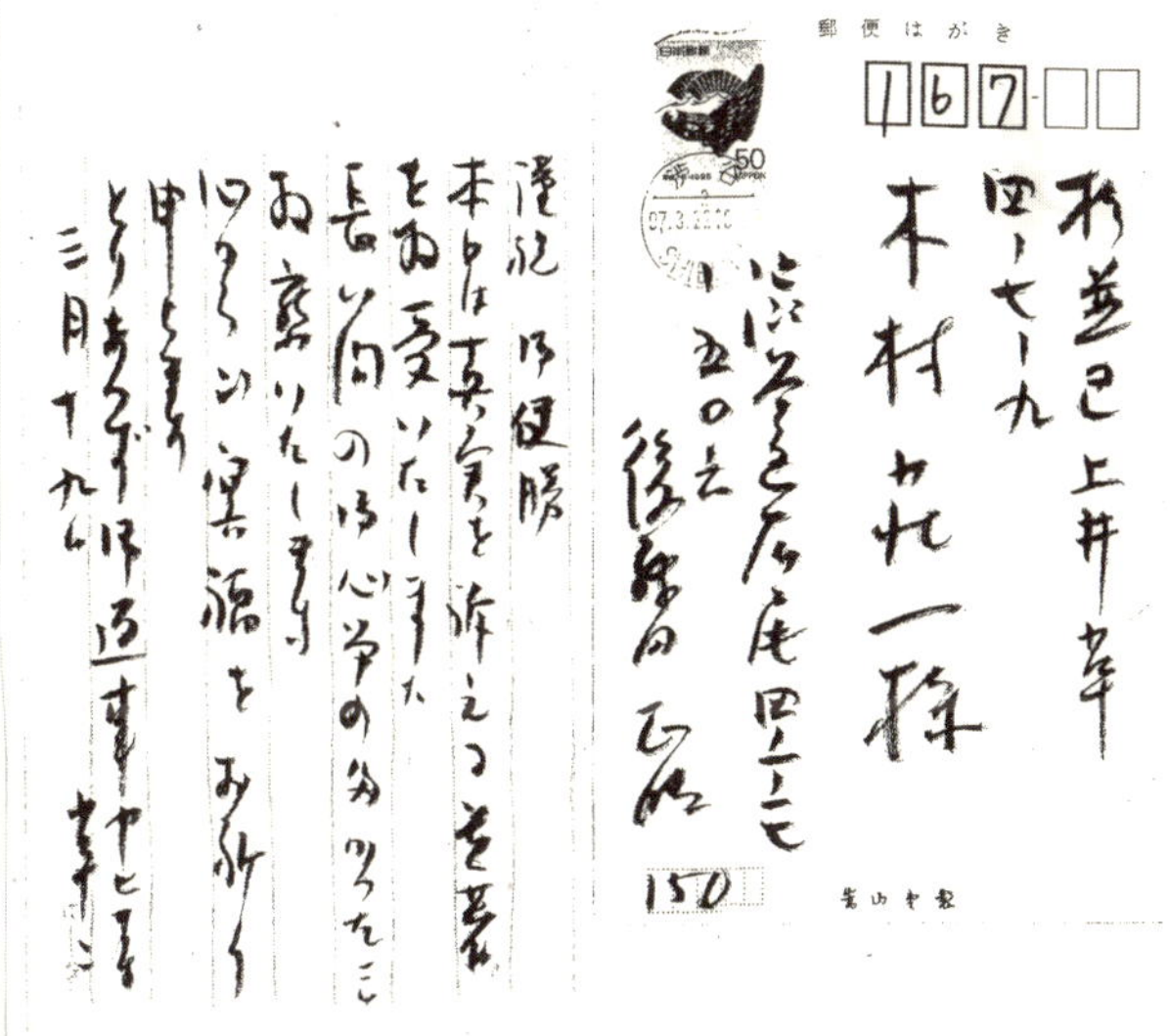

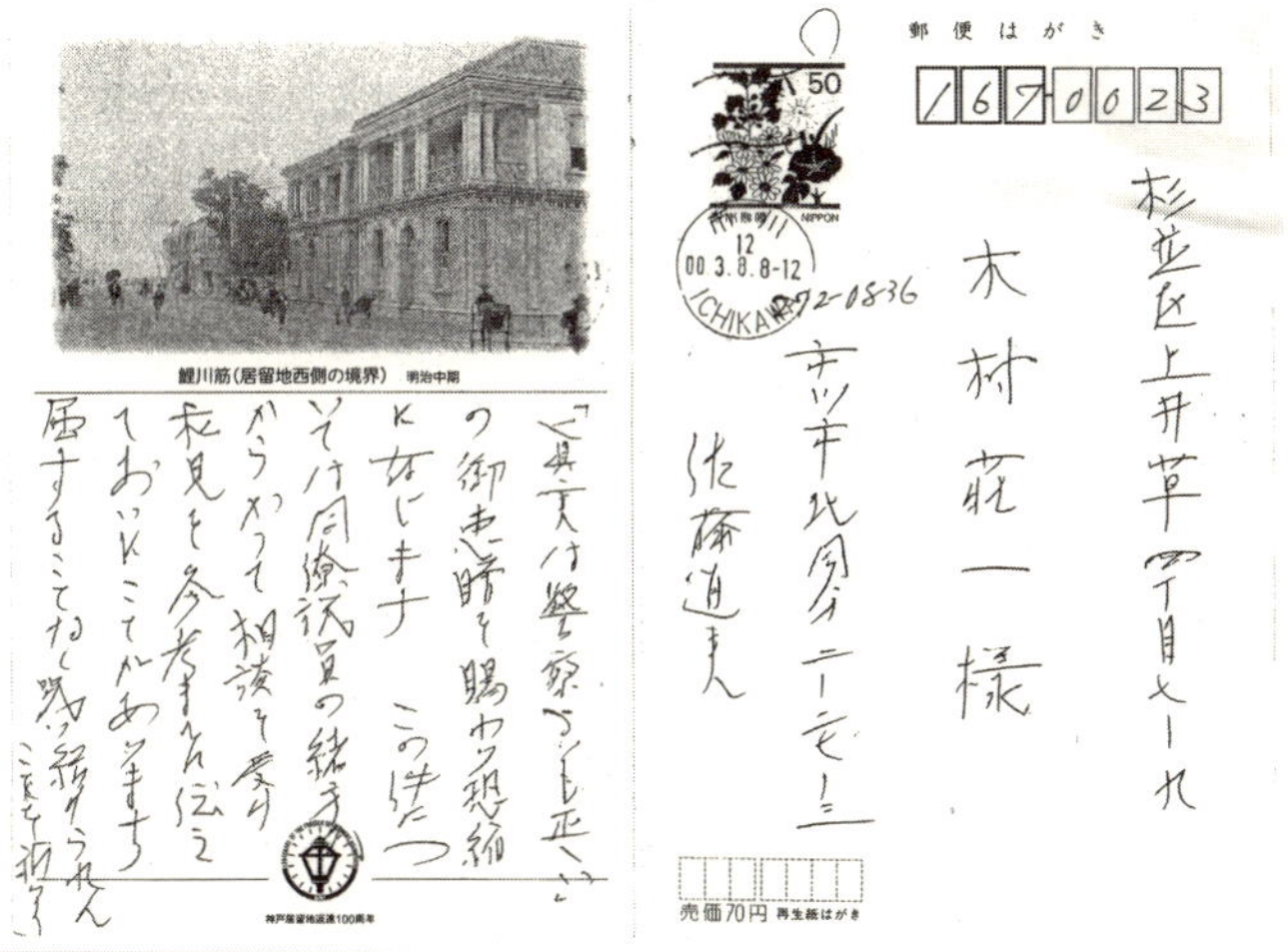

国家公安委員長・保利耕輔氏の手紙

拝啓

御丁重なお手紙と出版された書籍を拝読させて頂き、妹様を亡くされた木村様の悲しみが切々と伝わってまいりました。先ずもって、故小西静江様のご冥福を心からお祈り申し上げる次第であります。

さて、貴殿の妹様が交通ひき逃げ事故により死亡したのではないかとの御疑念につきましては、早速、私から、警察庁に説明を求めました。警察庁からの回答によると、島根県警は、「歩道上に仰向けに倒れている」旨の通報を受け、直ちにひき逃げ等を視野に入れながら、緊急配備を発令し、捜査を開始致しましたが、現場の実況見分の結果、スリップ痕、塗膜片等は発見されておらず、また、御遺体の司法解剖を島根医科大学において実施したところでありますが、いずれの結果を見ても、現在までのところ、交通事故によるものか、あるいは交通事故以外によるものかを判断できる証左がないというのが実情であるとのことでありました。

妹様がお亡くなりになった経緯をお知りになりたいとのお気持ちは、私としても、ひしひしと感じているところでありますが、刑事事件として立件するためには、そのために十分な証拠が必要であることは木村様にも御理解いただけるのではないかと思います。

以上申し上げた事情により、妹様が亡くなられた件については、交通ひき逃げ事故として立件されるに至っておりませんが、私からは、警察庁に対し、木村様のお気持ちを十分理解し、引き続き可能な限りの捜査を尽くすよう、島根県警に伝えるよう指示致しました。

今後とも、国家公安委員会委員長として、国民一人ひとりの声にしっかりと耳を傾けた職務執行を行うよう警察を督励してまいりますので、何卒御理解を賜りますようお願い申し上げます。

敬具

平成十二年五月三十一日

木村　荘一　様

国家公安委員会委員長

保利耕輔

励したい」と答弁、これが「情報開示」の端緒になったもようである。

その直後の十一月八日、松江検察庁から木村さん宛てに配達証明つきの文書が届いている。

「交通事故に関する実況見分調書等について、被害者の方、あるいはその遺族の方が閲覧することが可能になった」というものであった。

事件から十年たってはじめて見る、『実況見分調書』『検視調書』『鑑定書』である。それまで警察が意図的に隠蔽してきたものが、『鑑定書』の核心である「特記事項」には、具体的に詳細に記されていた。

木村さんのたたかいは、「情報開示」によって新しいステップを迎えることになったが、ここに至るまで、多くの方の支援があったことも記録にとどめておく必要があるだろう。

■警察もだが、マスコミも「正義の味方」であってほしい

警察は「市民の味方」であるべきだし、多くの人がそのように信じているはずである。だが、本書にも書いてきたように、そうでない部分があるのも残念ながら事実である。警

察の不祥事が報道されることもあるが、それだって氷山の一角ではないかと疑ってしまうのは、著者ひとりだけではあるまい。

数ある行政組織のなかで、警察ほど、われわれ国民の平和と安全に密着しているところはないはずだが、ここでは「マスコミ」に対しても苦言を呈したい。

本書でとりあげた事件にかぎらず、現在のマスコミの報道は「真相追及」という点で問題はないだろうか。警察発表をそのまま垂れ流すのであれば、それは戦前の「報道管制」のままといっていい。

メディアとしての本来の役割、機能を果たしているのかどうか。

もちろん、がんばっているところがないわけではない。第二章で紹介した『ローカルタイムス』も好例であろう。もっとも、マスコミではなく〝ミニコミ〟かもしれないが。島根県の地元紙『山陰中央新報社』は、木村さんの著書を大きく紹介し、木村さん自身に寄稿を求めたりしている。

また、『内外タイムス』は「証拠ひた隠す島根県警に挑戦状」の大見出しで、この事件を報道している。

気鋭のジャーナリスト、斎藤貴男氏は『サンデー毎日』『日刊ゲンダイ』で取り上げて

サンデー毎日などに掲載された斎藤貴男氏の記事

斎藤貴男

自由のために その①

被害者の肉親が真相究明に

木村荘一
『真実は警察よりも正しい』
（杉並けやき出版／本体1，400円）

私の家の前の、軽自動車が通るだけでふさがってしまいそうな細い路地を、今日も完全武装の4WDや中型トラックが、猛スピードでかっ飛んでいく。人間の一人や二人撥《は》ね殺そうが一向構わぬとでも言いたげに——。

六十五歳だった小西静江さんも、おそらくはそのようにして殺された。一九九三年五月三十日早朝。ひき逃げ事件と断定し直ちに緊急手配に踏み切った島根県警松江署は、しかし二時間後、明白な外傷を否定してまで〝病気による事故転倒〟へと判断を変更。捜査を打ち切ってしまった。

被害者の肉親にとって、松江署の態度は到底納得できるものではない。以来七年間、彼女の兄である著者は真相究明に余命を捧げ、本書となって結実した。

添えられた上野正彦・元東京都監察医務院長の意見書が、内容の正当性を高めている。

〈市民を守るべき任務の警察官が、ひき逃げ犯を捕まえようともせず、逆に被害者静江の人権を蹂躙《じゅうりん》侵害し、いじめにかかるとはどういうことか。山田鋭《かなえ》松江署長の暴挙に、心底からの怒りと悔しさで、体の震えがとまらなかったのを一生忘れることができない（私は死んでも忘れられない）。〉

著者はそう書いて、真犯人は警察関係者ではないかと示唆した。頷《うなず》くしかない現実は、改めて指摘するまでもないだろう。

チャイルドシートを義務づけた警察庁は、他方では危険きわまる運転中の携帯電話使用を事実上の野放し状態のままにしている。いずれも、そうした方が天下りポストやカネの確保に有利に働くからだ。少しは恥を知ったらどうか。

責められるべきは警察だけでもない。これほどの理不尽が罷《まか》り通り、それでも追及を求める声が多数派にならない、日本人の度しがたき奴隷根性も、だ。

問い合わせは、杉並けやき出版（☎03・3384・9648）。

「村上知彦の大人のまんが」「斎藤貴男　自由のためにその①」を毎週交代で掲載します。

何が起きている

この国の真相

ジャーナリスト斎藤貴男

ほとんどの大手マスコミが承知しているのに、なぜか報じられない出来事が、この国には少なくない。東京・杉並区の会社役員、木村荘一さん（77歳）が10年近くも続けている警察との闘いもその一つだ。

話は93年5月30日の早朝にさかのぼる。彼の実妹である小西静江さん（当時65歳）が島根県松江市内の市道脇で倒れているのが見つかり、病院へ運ばれたが亡くなった。静江さんは全身に打撲傷などのケガを負っていた。松江警察署はひき逃げ事件として緊急手配をしたが、2時間後、くも膜下出血の発作による〝転倒事故〟へと判断を変更。捜査を打ち切った。

「でも、あれはどう見ても交通事故によるケガでした。私の見立てだけじゃない。死亡直後の司法解剖でも、死因は右側頭部打撲による外傷性くも膜下出血という診断だったのです」（木村さん）

はね殺されたのと病死とでは、何もかも違ってくる。保険の扱い、犯人の有無、さらには死者にとっての真実、名誉といった領域に至るまで。

警察の姿勢は不可解だった。木村さんは自費出版や島根県警本部長らへの公開質問状送付などで追及を重ねたが、まるで相手にされないままいたずらに日が過ぎていく。

「ひき逃げ犯は警察関係者だったのではないでし

10年に及ぶ会社役員の孤独な闘い

ら笑われました」（木村さん）

事態がようやく動き出したのは昨年10月。衆議院内閣委員会で野党議員がこの問題を取り上げたら松江地方検察庁から通知があり、それまで開示を拒まれていた松江署の実況見分調書や司法解剖の鑑定書を閲覧・コピーすることができた。交通事故以外の判断はあり得ない見立てを当時の警察もしていた事実が、かくて明らかになった。

「80近くにもなって権力と闘うだなんて、みんな笑っているでしょうね。でも私には、本来なら国民の生命や財産を守る立場にある警察官たちが逆に人間の命を軽んじ、己の保身のためにウソを繰り返しごまかし続けていることが許せない。ただ一言、ウソをついていたと、妹の霊前に謝ってほしいのです」

木村さんの声を警察関係者はどう聞くか。

（毎週火曜掲載）

内外タイムスの記事

証拠資料ひた隠す島根県警に挑戦状

遺族にも

内外タイムス

情報お待ちしています　アドレスはnaigai_houdo@mbb.nifty.ne.jp

スクープ＆スキャンダル

75歳・兄の執念

ひき逃げ闘争

事件性がないの一点張りで

血だらけの真実を葬り去った

「警察」と「医師」疑惑の力関係

13日に出された警察刷新会議の緊急提言は、課題とされた警察の情報公開について「来春施行される情報公開法の範囲で開示する」としただけで、外部に監視されることを嫌う警察組織に風穴を開けることはできなかった。こうした警察の秘密主義が市民にとっていかに重大な事態をもたらすか。1人の老人男性の人生がそれを物語っている。「ミニスカポリス」をイメージしたホームページで話題を呼んだ島根県警に、ひき逃げ事故死を「病死」とされた男性が、真実を求めて島根県警に闘いを挑んだ7年間。それは警察腐敗の現状を鋭く告発している。（山田英生）

全身28カ所に外傷

それでも病死と判定されたナゼ

木村さんが自ら事故直後の静江さんの傷を再現し真相を訴えるのに使った人形

木村荘一さん（右）とありし日の妹・静江さん＝松江市

おり、木村さんの著書にも「警察にはすべてを明らかにする義務がある」と、原稿を寄せている。この原稿のなかで斎藤氏は、次のように結んでいる。

「国会をはじめとするあらゆる社会システムもまた、警察権力の横暴を許すようなことがあってはならない。彼らがこれ以上に暴走を始めれば、民主主義は完全に死滅してしまう」

国会での請願採択すらも無視する島根県警・警察庁、そして時の総理の無責任な対応を目の当たりにすると、あらためて斎藤氏の指摘を心して胸にとどめておかなければならないことがわかるだろう。

最後に、警察は当然だが、マスコミもまた「正義の味方」であってほしい、と再び記してペンをおくことにする。

資料・木村荘一氏の著書

第163回国会で採択されてもなお、単車を成傷器と捏造、大嘘をつく悪魔の島根警察を追及、15年間に刊行した木村さんの著書。「体に作用して創傷を成す器物」と言う悪魔の島根警察を追及している

『死体は真実を知っている―妹の不慮の死の真相を訴える』（一九七三年三月十二日初版刊行）
『同　ＰＲ普及版』（同年五月二日刊行）
『同　第二版刊行』（同年十一月一日刊行）
『死体は真実を知っている―再び、妹の不慮の死の真相を訴える』（二〇〇〇年三月十五日初版刊行）
『死体は真実を知っている―私は許せない、隠蔽と悪質な欺瞞を　ＰＲ普及版』（同年同日刊行）
『これでよいのか日本・警察十年の大嘘を暴く』（二〇〇二年十月八日初版刊行）
『死体の真実が警察十年の大嘘を暴いた』（二〇〇三年三月十八日小冊子刊行）
『死体の傷痕が警察十年の大嘘を暴いた』（二〇〇三年四月一日小冊子刊行）
『裁かれた警察の背理―島根の主婦ひき逃げ事件の真相』（二〇〇四年七月十二日初版刊行）
『裁かれた警察の背理―警察は全てを明らかにする義務がある　ＰＲ普及版』（二〇〇四年八月一五日刊行）
『島根警察は悪魔―私は死んでも許さない』（二〇〇七年一月三十日初版刊行）
『島根県警は悪魔―私は死んでも許さない　ＰＲ普及版』（二〇〇七年五月三十日刊行）

木村荘一氏の略歴

一九一五（大正四）年三月十五日　島根県松江市に生まれる。

島根県立工業学校建築科を卒業。

一九四四（昭和十九）年一月　陸軍特別幹部候補生に志願する。

八月　三重県鈴鹿航空隊に入隊。飛行兵（操縦）。

一九四五（昭和二十）年十月　復員。

木村工務店自営のあと、松和工業株式会社代表取締役。

一級建築士事務所、構造計算事務所。

近代規矩術研究会を主宰。実用新案・意匠登録・規矩定規制作（ＰＡＴ　５１－１５１７５７）。

初心者表装教室を主宰。日本表装美術協会会員。

前首都圏建設産業ユニオン杉並支部執行役員、仕事対策部長。

杉並建設労働組合執行委員。日本国民救援会杉並支部常任委員。

一九九一（平成三）年十一月三日　杉並区技能功労者表彰を受ける。

おわりに

この事件は、島根県警の実況見分調書などの証拠が明らかにしているように、誰がみても「単車によるひき逃げ事件」である。それにも関わらず、島根県警・松江署はその誤りを認めず、国会の決議すら無視しつづけている。法治国家の日本でこのような不法がまかり通っていては、日本の民主主義は死滅してしまうと、木村荘一さんは警察権力に対して15年もたたかい、いまもつづいている。このように長期にわたってたたかい続けている例は、ほかにないのではないか。

まさに、〝ギネスブックもの〟である。だが、このたたかいがギネスブックに載ることよりも、木村さんの願いと同じく、このような不法なことが一日も早く正され、正義と民主主義が貫徹できるような日本社会にしなければならないということである。

木村さんのたたかいが、当時の谷垣国家公安委員長を動かし「情報開示」をさせて、一六三回国会で七号議案として全会一致で採択され、苦情請願第一号として新聞・テレビで報道され全国の皆さんから祝福されているのに、なお、事件を隠蔽しつづける警察。さらに、行政の最高責任者である時の総理が無責任な回答をしても、それを追及しない政治システムには、わが国の民主主義の危機を反映しているし、相次ぐ大臣の不正は民主政治の貧困を意味している。

「うそと隠蔽には時効はない」

木村さんとそれを支援する人々の良識のたたかいは、これからもつづく。本書をお読みいただいた皆さんが、木村さんのたたかいから学び、お力添えをいただければ幸甚である。木村荘一さんがいみじくも言っているように、明らかにわが国の民主主義は危機に瀕している。民主主義の実現は「あきらめないでたたかいぬくこと」である。

最後に重ねてのお願いになるが、本書が一人でも多くの方がたに読んでいただけるよう、読書の皆様にもお力添えを切にお願いする次第である。

二〇〇七年九月

比留川　洋

国会《こっかい》決議《けつぎ》すら無視《むし》する警察権力《けいさつけんりょく》、
それを許《ゆる》す政治家《せいじか》・政府《せいふ》の責任《せきにん》を問《と》う
―島根《しまね》・主婦《しゅふ》ひき逃《に》げ致死事件《ちしじけん》の真相《しんそう》―

2007年10月8日　　初版第1刷

著　者　　比留川《ひるかわ》　洋《ひろし》
発行者　　比留川　洋
発行所　　株式会社　本の泉社
〒113-0033　東京都文京区本郷2-25-6
電話　03-5800-8494　　FAX　03-5800-5353
http://www.honnoizumi.co.jp
印刷・製本　　松澤印刷

Printed in Japan　ISBN 978-4-7807-0348-1
